歴史文化ライブラリー
502

六国史以前

日本書紀への道のり

関根 淳

吉川弘文館

目次

「記紀」以外の古代史書――プロローグ

1　「記紀」以外の古代史書

『日本書紀』の参考書

藤原忠平《ふじわらのただひら》（八八〇～九四九）が関白・太政大臣として国制改革を進めていた承平《じょうへい》・天慶《てんぎょう》年間（九三一～四七）、地方では武士の勢力が次第に大きくなり、関東では平将門《たいらのまさかど》（?～九四〇）、瀬戸内では藤原純友《すみとも》（八九三?～九四一）が反乱を起こしていた。そんな古代国家が大きく転換しようとしていた一〇世紀前半、平安京の宮廷では文章博士《もんじょうはかせ》・矢田部公望《やたべのきんもち》（生没年不詳）を主任講師として『日本書紀』に関する伝統的なレクチャーと熱いディスカッションがおこなわれていた。『日本書紀』を研究する「講書《こうしょ》」という行事である。そこで受講生の一人がごく初歩的な質問をした。

「『日本書紀』を読むさい、どのような本を参考にすればよいのですか?」

講師の矢田部公望は答えた。

「『先代旧事本紀《せんだいくじほんぎ》』や『上宮記《じょうぐうき》』、『古事記』。あとは『大倭本紀《やまとほんぎ》』や『仮名日本紀《かなにほんぎ》』などである。」

『日本書紀』を読解するために参考になると言われたこれらの書物はいったいどのようなものだったのであろうか。

右は『日本書紀私記』丁本という平安時代後期の史料に記された講書における質疑応答の現代語訳である（原文は漢文。新訂増補国史大系本一九〇頁。以下の引用では適宜その頁数のみ記す）。公望先生の回答の最後に「〜などである」とある以上、『日本書紀』の理解を深めるおなじような書物は右にかかげた諸書以外にもあったことになる。『古事記』や『先代旧事本紀』はともかく『上宮記』はあまり聞きなれない。ましてや『大倭本紀』『仮名日本紀』という本はいったい何なのか。それらは『日本書紀』を読むのに役立つものなので、書紀に記される神話や天皇の歴史に関係するものであることはまちがいない。

さまざまな古代史書

六国史《りっこくし》の最初である『日本書紀』や現存最古の史書である『古事記』は誰もが知っているし、国文学・国語学、歴史学などさまざまな分野で大いに研究も進んでいる。日本古代史を専攻している人なら『先代旧事本紀』がその「記紀」をカット&ペーストして作成された九世紀ごろの〝偽書《ぎしょ》〟（擬古文献）であることを知っているだろう。さらに『上宮記』が〈聖徳太子〉に関係する七世紀前半の書物であることを知っていたのならその人はけっこう勉強家である。しかし、あとの『大倭本紀』や『仮名日本紀』は現存せず、古代史を専門にしていても意外に知らない人が多いのではないか。

最初の『大倭本紀』は鎌倉時代後期の書物目録である『本朝書籍目録《ほんちょうしょじゃくもくろく》』の「帝紀」の部にその名がみえる。また、さきに引用した『日本書紀私記』丁本や鎌倉時代の『日本書紀』の注釈書である『釈日本紀《しゃくにほんぎ》』、南北朝時代の『古事記』の注釈書である『古事記裏書《こじきうらがき》』などにごくわずかな文章が引用されて残っている。このように本文全体が伝わらず、一部の文章のみが他の史料に引用されて残っているものを「逸文《いつぶん》」という。『大倭本紀』の逸文は平安時代（『日本書紀私記』丁本）、鎌倉時代（『釈日本紀』）、南北朝時代（『古事記裏書』）と古代から中世にかけて断片的に伝わっているのだ。その逸文をよく調べてみると『大倭本紀』は神代史《じんだいし》を著述した全二巻の史書であったことが分かる。

もう一方の『仮名日本紀』も『大倭本紀』とおなじように『日本書紀私記』丁本や『釈日本紀』にわずかな記述が残されるだけである。周辺の諸事実や関連事項をもとにこれを総合的に考えていくと『仮名日本紀』は養老講書（七二一年）という最初の講書の内容をもとにして書かれた『日本書紀』を訓読するための本で、その関係者によって八世紀の前半ごろに成立していたとみられる。

「古語仮名之書」と「古語之書」

『大倭本紀』といい『仮名日本紀』といい、本当にそんな本あったの？　というのが正直な印象であろう。じつは筆者もはじめそう思った。それほどまでに史書としての「記紀」の存在は大きくて圧倒的である。それはある意味当然で、『日本書紀』は成立直後の養老講書以来、『古事記』は本居《もとおり》宣長《のりなが》（一七三〇〜一八〇一）以来、歴史上の碩学・偉人たちが連綿と研究を続けており、その蓄積は他のどんな史書、文献と比べても絶対的な質と量を誇る。そしてどちらも明治時代に英訳され、海外にも紹介されている代表的な日本の古典である。

しかし、『日本書紀私記』丁本には「或《あ》る書がいうには……」として、「太安万侶らに『日本書紀』を編纂させたとき「古語仮名之書」が数十の家にあった」という記述がある（一九一頁）。太安万侶を『日本書紀』の撰者とすることには賛成できないが、書紀が完成した七二〇年時点で「古語仮名之書」が数十もの家にあったということはどのように理解すればよいのだろうか。この問題を解くカギが、冒頭でもふれた承平度の講書におけるつぎの質問である（一九九頁）。

「『日本書紀』はなぜ注釈を加えずに他の異説ばかりを引用するのですか？」

この質問をした受講生がさきに『日本書紀』の参考書をたずねた人物とおなじかどうか

は分からない。しかし、たしかに書紀には「一書」「或本」などの異説の引用が多く、一貫したイデオロギーを打ち立てることが目的であるはずの歴史書としては違和感がある。なぜ一つの秩序、すなわち物語《ストーリー》を展開しないのですか、という素朴な疑問である。その意味で右の受講生の質問は的確である。真面目で優秀な学生だったのだろう。これに対する筆者なりの答えはエピローグで示したいが、このときの主任講師・矢田部公望はつぎのようにさらりと答えた。

「昔から物好きが著した「古語之書」が数多くある。『日本書紀』を編纂したときにそれらをいちいち採用はしなかったのだが、だからと言ってすべて捨ててしまうことはしなかった。それらを追加で記載したのだよ。」

この答えを聞いた受講生が、

「僕らが学んでいる『日本書紀』って、そんなにいい加減なものなのか……?」

と思ったかどうかは分からない。しかし、筆者であればそう思ってしまう。そうでなくても、肩透かしにあった感じは確実にある。しかし、昔も今も生徒は先生の言葉に簡単には逆らえなかったらしく、その後のやり取りは残されていない。はたして、さきの受講生は納得できたのであろうか。

古代史書の豊かな世界

さて、公望先生の回答からすればさきの「古語仮名之書」とおなじように「古語之書」が複数あったことになる。「古語仮名之書」と「古語之書」はおそらくおなじ意味で、古い言葉で書かれた書物という意味である。それは『日本書紀』との関係からみると、神話や歴史に関係するものであったと思われる。また『日本書紀私記』丁本のべつな箇所では「国常立尊《くにとこたちのみこと》」（国土と天皇家の始祖神）の名号に関する議論においてさまざまな「古書」があったことが記されている（一九八頁）。

これとはべつに『新撰姓氏録《しんせんしょうじろく》』（九世紀）の序文などにも「古記」「旧史」などがあったと記されている。したがって右は『日本書紀私記』丁本の勝手な認識ではない。とすれば、八世紀の前半には「記紀」以外にもいくつもの史書が存在していたことになる。「記紀」という名称で特別あつかいされる『古事記』『日本書紀』はこれらの数多くの史書に囲まれて存在していたのである。

このことを念頭において冒頭の書紀の参考書の話にもどれば、『大倭本紀』『仮名日本紀』の存在にも前向きになれる。と同時に、『先代旧事本紀』と『上宮記』につづいてあげられた『古事記』の三番目という位置づけがとても微妙である。後世、「記紀」としてセットであつかわれる『古事記』が『日本書紀』の一番の参考書ではないのだ。この点はとても気になる。

〝偽書〟である『先代旧事本紀』を筆頭にあげているのだから、矢田部公望の学識が疑わしい、と言うこともできる。また、聞いたこともない『日本書紀私記』丁本という史料が信用できない、と考えるのもありである。しかし、当時『先代旧事本紀』は推古朝に編纂された権威ある最古の史書として信じられていたし（『日本書紀私記』甲本「弘仁私記序」）、それは中世の『本朝書籍目録』にもつながる価値意識である。また、『日本書紀私記』丁本についてもその史料的価値を否定する理由はない。古代の史書は現代のわたしたちがもつ価値観とはことなる世界にあり、それは一般にイメージするよりはるかに豊かなのである。誤解をおそれずに言えば、これまで古代史書の研究はあまりにも「記紀」に集中していた。

もちろん、残された史書を探究することは最重要でかつ最初に必要なプロセスである。また、「記紀」研究という確実なスタートラインがなければほかの史書に目がいくこともない。しかし、物事を深く考えるためには絶対化と相対化ということなる二つの視点からの作業が必要である。『日本書紀』をはじめとする六国史やいわば聖典化された『古事記』に関しても、その客観的な位置づけや平準化が必要である。ここで筆者の言う相対化、平準化とは「記紀」を成り立たせているさまざまな古代史書の世界に光をあてることを意味する。それは「記紀」を聖典として祭りあげることのない、あらたな歴史書の世界をひらくことになるはずである。

そこで、この本では六国史以前の史書について考えてみたい。具体的には帝紀・旧辞、天皇記・国記、『上宮記』、そして『古事記』をとりあげる。これらの史書は『古事記』をのぞいて基本的に本文が伝わっていない。しかし、非常に断片的ではあるが関連史料がないわけではない。また、それらを生み出した政治過程や周辺の諸史料をたんねんに調べていけば、その実体に迫ることはけっして不可能ではない。それらの史書はどのような内容や特徴をもち、お互いにどのような関係にあるのか。そして、それらはのちの六国史にどのような影響をあたえているのか。

六国史以前の豊かな古代史書の世界へ、これからゆっくりと足をふみ入れてみよう。

帝紀・旧辞と倭王権

五・六世紀の史書

帝紀・旧辞と津田左右吉

帝紀とは大王家（のちの天皇家）の血縁関係を記した系譜を中心にこれに関連する出来事を記したもの、旧辞とはそれ以外に伝えられた昔の物語と理解するのが一般的である。いずれも欽明朝（六世紀中ごろ）に成立したと考えるのが普通である。これらは現存最古の史書と言われる『古事記』から一五〇年以上前の書物ということになる。

風土記の時間

その『古事記』が完成したとされる翌年（七一三）、朝廷から各地方の地理や伝承、特産物をまとめるようにという命令が諸国に出された。律令制にもとづく全国支配の徹底が目的でこれにより『風土記』の編纂が始まる。その『風土記』は現在、出雲（島根県）、常陸（茨城県）、播磨（兵庫県）、肥前（佐賀県）、豊後（大分県）の五つしか伝わってお らず、すべての文章がそろっているのは出雲のみである。しかし、その残された数少ない『風土記』だけでもじつに一〇〇例以上の天皇代による時代の認識がみられる。すなわち、

志貴島宮御宇天皇《しきしまのみやにあめのしたしろしめしすめらみこと》［欽明］の御世《みよ》（『出雲国風土記』意宇《おう》郡条）

難波長柄豊前大宮馭宇天皇《なにわながらとよさきのおおみやにあめのしたしろしめしすめらみこと》［孝徳］の世（『常陸国風土記』行方《なめかた》郡条）

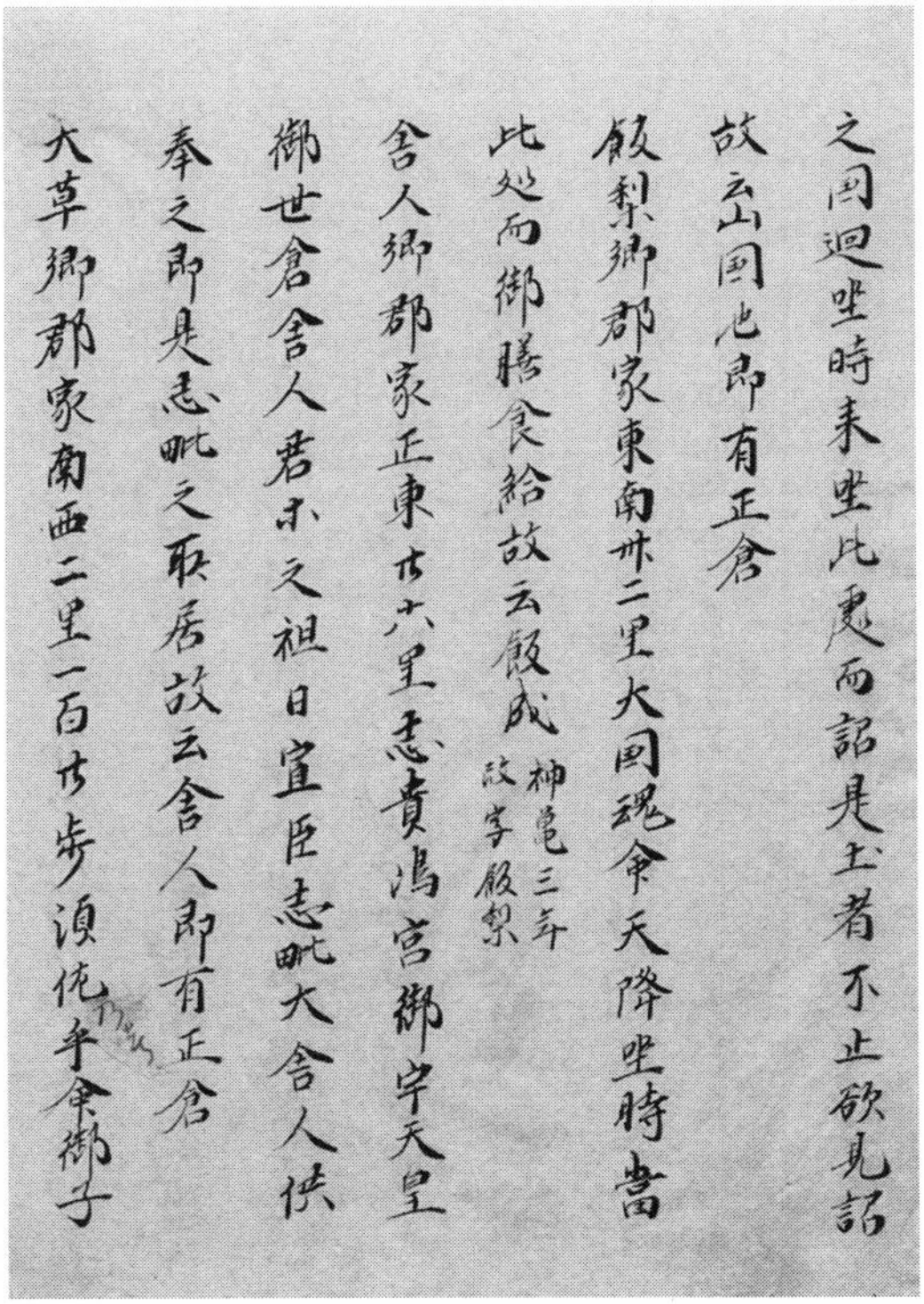
之国廻坐時来坐此処而詔是土者不止欲見詔
故云山国也即有正倉
飯梨郷郡家東南卅二里大国魂命天降坐時當
此処而御膳食給故云飯成 神亀三年改字飯梨
舎人郷郡家正東廿六里志貴嶋宮御宇天皇
御世倉舎人君等之祖日置臣志毗大舎人供
奉之即是志毗之所居故云舎人即有正倉
大草郷郡家南西二里一百廿歩須佐乎命御子

図１　『出雲国風土記』意宇郡条（名古屋市蓬左文庫所蔵）

などの表記である（図1）。

『風土記』における天皇は個性を与えられて自らが主役となる存在ではなく、いつその出来事が起こったのか、という時代の説明として登場することがほとんどである。天皇は人々に時間、すなわち「歴史」を与える存在だった。天皇号自体は天武朝に始まったと考えられるので右の「天皇」は実際には大王だが、その役割が変わるわけではない。大王（天皇）の代替わりが時代の変わり目であり、人々にとってはその経過によって歴史が認識されていたのである。

天皇の時空間

また、『風土記』では天皇が地名の起源となっている説話が多い。のちの六国史の時代において日本の国土は天皇の支配領域として認識されており、古代における「天皇」とは時間と空間を認識するための手段だった。実際の政治過程においても、天皇の個人的な力量やそれにもとづく政治方針の転換、そしてこれを取りまく臣下の入れ替わりなど政治社会の変化は天皇の代替わりにもっとも起こりえたことである。

これらのことは代々の天皇にもとづいた時間と空間のつながり、すなわち帝紀が人々にとっての歴史であることを示している。出来事や年月日の記載とはべつに系譜はそれ自体ですでに歴史なのである。その意味で帝紀とこれに関連する旧辞は日本ではじめての史書と言える。

帝紀・旧辞のはじまり

のちの大王家を中心とする各地の豪族はその祖先伝承を受けつぐことによって支配の歴史を継承した。葬送儀礼であると同時に王位の継承儀礼でもあった古墳の造営と祭祀は、これを継続することによって各地の王の権威と権力を高めていく。そこでは祖先神を主人公とする神話が語られ、これを受けつぐ王の正統性が印象づけられる。そしてその最後にあらたな被葬者、すなわち前代の王の名が追加されて系譜は重ねられていく。

このような古墳の造営は地域単位でまとまっていた政治社会を維持する舞台装置であった。それは労働力の差発と運用という意味で地域のコミュニティを確認して強化する役割をはたしている。そこでは被葬者（王）の地位（王位）の継承順や后妃・子女などに関する情報が伝承され、これが帝紀の原資料になっていった。

『古事記』崇神段に天皇が意富多多泥古《おほたたねこ》という人物に「汝《なんじ》は誰《た》が子ぞ」と尋ねるシーンがある。これに対して意富多多泥古は、

僕《あれ》は大物主大神《おおものぬしのおおかみ》、陶津耳命《すえつみみのみこと》の女《むすめ》・活玉依毘売《いくたまよりひめ》を娶りて生める子、名は櫛御方命《くしみかたのみこと》の子、飯肩巣見命《いいかたすみのみこと》の子、建甕槌命《たけみかづちのみこと》の子、僕・意富多多泥古ぞ。

と口頭で答えている。当初はこのように出自が口承の系譜でもって証明されていたのである。では、その口承であった系譜はいつどのような理由で文章になったのか。音声から文

字への変化は記録媒体の形質とその属性からいって大きな飛躍であり、それにふさわしい社会の発展があったはずである。

津田左右吉の帝紀と旧辞

文章系譜としての帝紀の成立時期は旧辞と一体的にとらえるのが普通である。そこで現在、通説となっているのが、津田左右吉《つだそうきち》（一八七三～一九六一）の提唱した欽明朝説〔一九四八：四六～四八頁〕である。多少の異論はあるもののこれを支持する研究者はとても多い。

津田説が主流になった理由は、「記紀」に対する史料批判が徹底していたため、その冷徹な思考から導き出された結論の蓋然性が高いと思われたこと。また欽明朝が世襲王権の成立、すなわち大王家（天皇家）が成立した時期であって、その系譜が作成される政治的要因があったと考えられていること、の二点である。

帝紀・旧辞を理解する手がかりとして最初にこの津田説を検証してみたい。意外にも津田は帝紀ではなく旧辞から論を起こしている。そこからみていこう。なお、以後の引用文に関しては便宜上、筆者がX、①などの記号をつけ、旧漢字を常用漢字に改めて読みなどの補足をしている。

旧辞と帝紀

諸説の依拠する津田の考察とはいったいどのようなものなのだろうか。文意をそこなわないように注意しつつ、こまかく区切ってみていきたい。

X　旧辞

①「諸家でめい〳〵に、また自由に、言ひ伝へや見聞を書き記したといふやうなものでは決してなく、或《あ》る時期に於《お》いて、或る権威を有するものの手によつて、述作せられたものに違ひない。」

②「古事記に物語のあるのが顕宗天皇までであるのを見ると、その時からあまり遠からぬ後、たゞしその時の記憶がかなり薄らぐほどの歳月を経た後、多分、欽明朝前後、即ち六世紀の中ごろに於いて一とほりはまとめられたのであらう。」

①において旧辞の編纂主体を事実上、大王家に限定し、②でその作成時期を推考している。すなわち、『古事記』顕宗段以降に旧辞的な物語が収録されていないことを根拠に「欽明朝前後」に旧辞は作成されたとしている。その行論においては、「あまり遠からぬ後」「たゞしその時の記憶がかなり薄らぐほどの歳月を経た後」「多分……」と、はなはだ心もとない語句がならぶ。これにつづくのが左の帝紀の記述である。

Y　帝紀

①「なお、古事記の皇室の系譜が推古天皇で終つてゐるのは、阿禮《あれ》［稗田阿礼］の取扱つた帝紀がそこまでであつたからであらうから、これは帝紀が推古天皇の後まもないころに編纂せられたことを示すものかと思はれるが、」

②「更に憶測を進めるならば、これもまた旧辞と同様、欽明朝ごろに一度まとめられてゐたのを、後になつてそのあとの部分を追補したのかと考へられる。」

①において系譜しかない推古段の記述を起点に論を起こし、編纂資料という観点から帝紀の成立が推古朝後という仮説を提示する。しかし、②でこれを旧辞に引きつけて推論を立て、旧辞も帝紀も欽明朝の成立と「憶測」するのである。ではなぜ、帝紀と旧辞を一緒に考えたのか。

帝紀と旧辞の同時性

津田が帝紀と旧辞をあわせて論じる根拠はつぎのように記されている。考察のベースとなっているのは史料としての『古事記』であり、その前後の記述のちがいから両書の成立にせまっている。

Z　帝紀・旧辞と古事記

①「それは、旧辞と帝紀との最初の編述がほゞ同じ時代であつたと思はれること、」

②「古事記の終の方の系譜ばかり記してあるのは、如何にも片わの感があつて、後に附加へたものとして見るにふさはしいこと、」

③「その部分には、或《あるい》は武烈の巻及び敏達の巻以下の如く、前例に無く治世の年数が挙げてあつたり、安閑の巻及び同じく敏達の巻以下の如く、年齢の記載が缺《か》けてゐたり、仁賢武烈宣化欽明のそれ〴〵の巻の如く、年齢も陵《みささぎ》の所在も書いてなか

つたり、様々の点に於いて前の方とは筆法が違ひ、書き方に疎漏の点があるやうに見えること、などの故である。」

②の＊は現代の人権意識からすれば不適切な表現であるが津田説の検討のため著作からそのまま引用した。その前の①は旧辞と帝紀の編纂の同時性について述べているが、残念ながらその根拠は示されていない。つづく②③は欽明朝以降の追筆を説明するために前後の異質性を説いている。

津田説の問題点（その1）

津田の文章は慎重で一つひとつが長く、入念な言い回しもその読解のうえではやや難渋である。右の文などはまだ分かりやすい方かもしれない。しかし、『古事記』顕宗段以降が系譜のみを記していることに着目し、この史料上の特徴をもとに旧辞の成立を考える手法には一理ある。しかし、その「あまり遠からぬ後」「多分、欽明朝前後」（X②）という考察にほとんど論拠はない。なぜ欽明朝でなく、その前の安閑《あんかん》・宣化《せんか》朝、またはそのつぎの敏達《びだつ》朝の前後ではいけないのか。その理由は不明である。津田の史料批判がいくら鋭敏だからといって右のような曖昧な記述をそのまま受け入れるわけにはいかない。

しかし結果として、欽明朝が世襲王権の成立時期であるという後年の研究は津田説の妥当性を高めている。津田説が支持される最大の理由はじつはここにある。これ以前の大王家は複数の有力豪族が婚姻によって連帯し、そのときどきの実力者が大王の地位についていたと考えられる。それが一元化され、大王につく人物が一つの血統に限定されたのが欽明朝なのである。王権史における欽明朝の画期性は現在の古代史学界ではほぼ共通の認識となっている。その欽明王統を確定させてこれを称揚するために帝紀・旧辞が編纂された、という理解は右の研究状況に適合するのである。

系譜と血統

しかし、それは帝紀という系譜が血統を基準にして成り立っているという理解に立った場合である。もし系譜が必ずしも血統を示すものではないとしたらどうだろう。じつは、現在の古代史学界では系譜は血統だけで成り立っているものではなく、そこに示される地位や権威の継承を示したものであるという理解が主流である。このような系譜を「地位継承次第」という〔義江明子二〇〇〇〕。

系譜において血統が意味をもつのは実際の政治社会において血縁が価値をもったときである。ところが欽明朝以前は血統のもつ意味が後世とおなじには認められない。前大王からの権威の継承はその子女との婚姻や前方後円墳を舞台とした葬送・即位儀礼によって可能であり、それよりも重要なのは新しい大王がその地位にふさわしい実力をもつかどうかである。そこでの血統はいくつかある副次的な要因に過ぎず、大王という地位の継承は血統以外の実力によって決まっていた。

したがって、世襲王権が成立したから帝紀・旧辞が編纂されたという通説、ひいてはその起点となった津田説は近年の系譜研究や当時の王権のあり方から考えると見直しが必要なのである。

津田説の問題点（その2）

これにくわえて帝紀と旧辞の成立を単純に同一視することも疑問である。両書の内容がセットで企画されたものでない限り、その成立の時期や事情はまったくおなじものにはならないだろう。普通に考えればどちらかが先で、どちらかが後である。今までこのような疑問がなかったわけではないがその疑義のうえに立って考察が展開されることはなかった。帝紀・旧辞の編纂過程に関する史料がまったく残されていないため津田説への対案が立てられなかったのである。

しかし、津田の帝紀・旧辞論は『古事記』の顕宗段以降に旧辞がみえないという同一の根拠のうえに成り立っており、おなじ結論になるのはその意味では当然である。私たちはあいまいな津田説をたしかな検証を経ないまま継承している。さきの著書発刊から七〇年以上たった現在、その業績も根拠からしっかりと検討してこれを再検証することが必要である。とくに系譜が必ずしも血統の継承を意味するものではないという学説は近年になってから支持されはじめた考え方であり、研究史的には帝紀・旧辞論もそこから再構成する必要がある。

以上のことを念頭において、これから帝紀と旧辞とに分けてその個々の性質から両書の成立事情を考えていきたい。

帝紀の関連史料

帝紀の内容

帝紀の内容については、七〇年以上も前になるが武田祐吉（一八八六〜一九五八）の研究〔一九四四〕をかえりみなければならない。すなわち武田は『古事記』の記事を分析して帝紀の記述様式をつぎの六つに整理した。

一　天皇の続柄・出自
二　天皇の名前
三　皇居と治世の年数
四　后妃と皇子・皇女、およびその事績
五　天皇の事績
六　崩御の年月日、山陵

これ以外にも王位継承に関する政争などもふくまれるとするのが一般的である。項目が細分化され過ぎているような気もするが基本的には右の理解にしたがいたい。しかし、問題は「五　天皇の事績」のあつかいである。後世の六国史に頻出する無味乾燥な叙位や任官の記事も、その位階や官職が天皇を中心に定められていることを考えれば立派な天皇の事績である。天文異変や自然災害も天皇の仁徳や政治と密接に関連しており、多産記事は儒教観念にもとづいた天皇の徳治の象徴である。その意味で「五　天皇の事績」は広く意味をとれば世の中のすべての出来事にあてはまってしまう。

右の帝紀に関する武田の分析は『古事記』という一つの史料から導き出した見解である。ほかに帝紀本文の事例がないので仕方がないと言えば仕方がないが『古事記』以外に帝紀を考察する材料はないのであろうか。ここでいったん『古事記』から離れて帝紀関係の他の史料を検討してみたい。じつは、非常に断片的ながらも帝紀に関しては意外に多くの史料が残っている。

帝紀の関連史料（その1）

まずは『日本書紀』から。なお、引用する史料につけられた〈　〉はその部分が細字の二行割書き、すなわち分注であることを示す（以後も同じ）。

○『日本書紀』欽明天皇二年三月条

次に蘇我大臣稲目宿禰の女《むすめ》を堅塩媛《きたしひめ》と曰う。〈堅塩、此をば岐拕志《きたし》と云う。〉七の男・六の女を生めり。其の一を大兄皇子《おおえのみこ》と曰す。是を橘豊日尊《たちばなのとよひのみこと》とす。……〈帝王本紀に多く古字あり。撰集《えらびあつ》むる人、屢遷《しばしばうつ》り易《か》わることを経たり。後人習い読むとき、意を以て刊《けず》り改む。伝え写すこと既に多くして、遂に舛雑《せんざつ》を致す。前後の次《ついで》を失いて、兄弟、参差《しんし》なり。今則ち古今を考覈《こうかく》して、其の真正に帰す。一往に識《し》り難きは、且《しばら》く一つに依りて撰びて、其の異なることを註詳す。他も皆此に效《なら》え。〉

分注部分の傍線部「帝王本紀」が帝紀の一種とみられる。「……」以前の引用部分はその前後から独立して蘇我系の后妃・皇子女のみを記す部分であり、その注記となる「帝王本紀」は蘇我系の帝紀である可能性が高い〔下鶴隆二〇一三〕。この史料には『漢書叙例』にもとづく潤色があるがこのことが右の解釈をさまたげるものではない。「帝紀」は皇族だけではなく、豪族の手によっても作成されていたのである。

○『上宮聖徳法王帝説』

帝記を案ずるに云わく、「少治田天皇《おはりだのすめらみこと》〔推古〕の世、東宮厩戸豊聡耳命《うまやどのとよとみみのこと》〔聖徳太子〕・大臣宗我《そがの》馬子宿祢、共に平章して三宝を建立し、始めて大寺を興す」と。

『上宮聖徳法王帝説』は〈聖徳太子〉の伝記で、右は太子と蘇我馬子が協力して飛鳥寺を建立した功績をたたえる文章である。同書の成立過程はいくつかの段階に分けられるが、右の箇所は〈聖徳太子〉関連史料を追加したさいの後人の注記であり、冒頭の傍線部「帝記」以下はそれ以前に存在したもともとの『上宮聖徳法王帝説』からの引用（重複）と言われている。『上宮聖徳法王帝説』自体が元来「帝記」（帝紀）であったと言われているが、ここでは必ずしも天皇ではない王族に関しても「帝紀」を呼称する史書が作成されていたことをおぼえておきたい。

帝紀の関連史料（その2）

つぎに、正倉院文書に残る「帝紀」についてみていきたい。それは偽文書の可能性が指摘されるものをのぞくと二つほどある。わずかな記述で詳細はつかみにくいのだが、その分かえってリアルである。

○「更可請章疏等目録」（正倉院文書・続修後集一七／『大日本古文書』三巻八四〜九一頁）

更に請うべき章疏等

雑集論一帙《ちつ》十六巻　世親摂論二部二帙　卅《さんじゅう》巻

（中略）

帝暦幷《ならび》に史記目録一巻　帝紀二巻日本書

（中略）

九官二巻 一推九官法 一遁甲要

天平廿《にじゅう》年六月十日　平摂《へいせつ》師より手にして転撰し写し取る

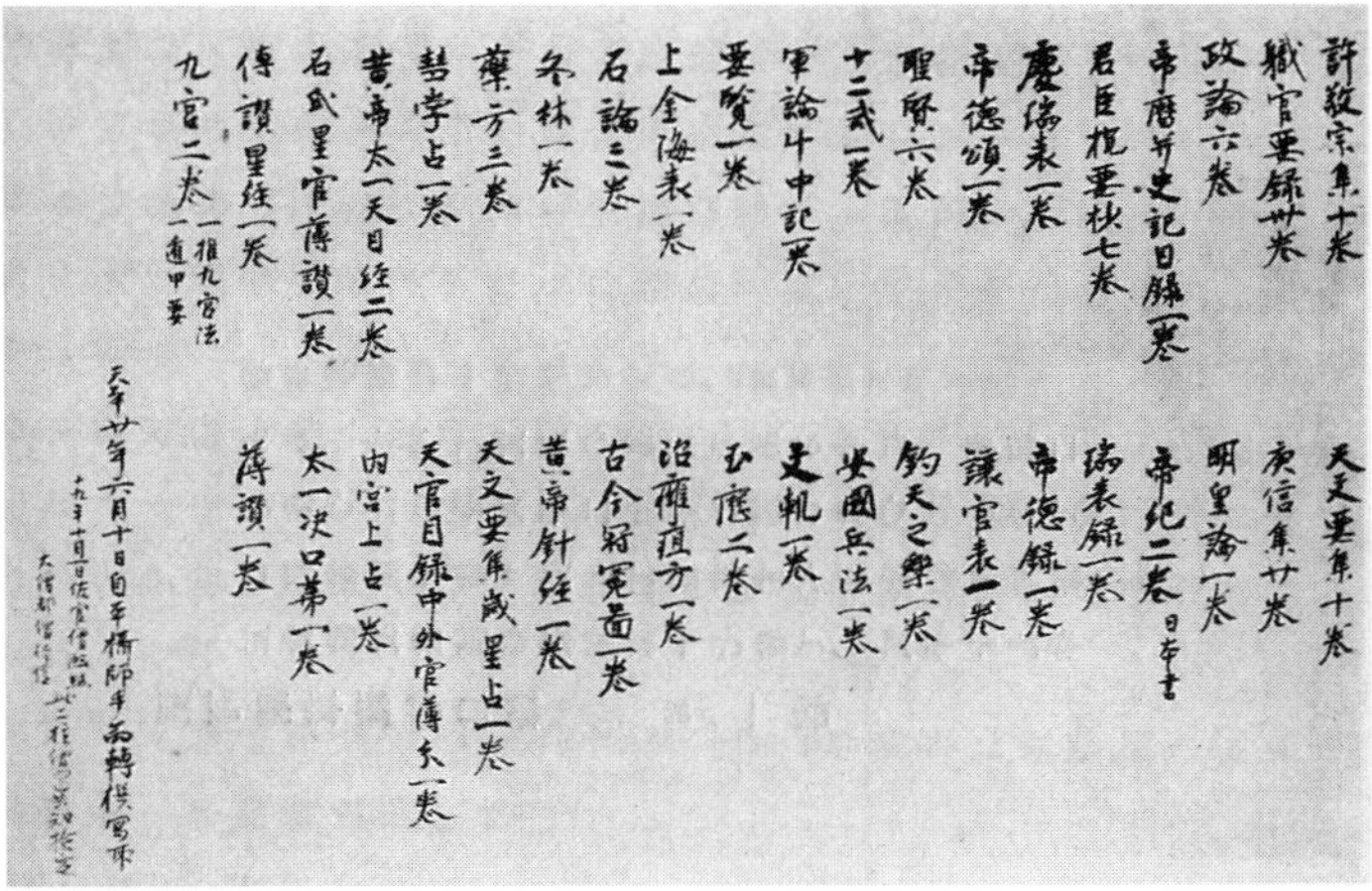

図2　「帝紀二巻日本書」(「更可請章疏等目録」部分，正倉院文書)

右の「更可請章疏等目録」(図2)は元《がん》興寺《ごうじ》僧・平摂《へいせつ》の管理する経典群から写経所が借り受けた天平二〇年(七四八)の書写目録である。傍線部「帝紀二巻日本書」については「帝紀」というジャンルにおける「日本書」という見方もあるが、「日本書」は固有名詞ではなく日本の書物という意味だろう。ここでは、外来の書籍が多い右の目録のなかでとくに「日本書」と付記されていること、「二巻」という巻数が明記されていることに注目しておきたい。

○「種々充紙注文《しゅしゅにあつるかみのちゅうもん》」(正倉院文書・続々修一四/『大日本古文書』二四巻三七八頁)

唯識論疏《ゆいしきろんのそ》七巻章本草《ほんぞう》等の外、充《あ》つる紙合《あわ》せて三百五十五張

大進帝記の写し卅《さんじゅう》五張。又陰陽書《おんみようしょ》の写し廿《にじゅう》五張　丹比史生《たじひのさかん》、受ける
又丈部国足《はせつかべのくにたり》の写す書、廿五張。考文、五十張。沙弥等所《しゃみらの》　卌《よんじゅう》張
脯析卌張　陰陽書卌五張を写す　土師史生《はじのさかん》、受ける
石上部石万呂《いそのかみべのいわまろ》二人　又所政《まんどころ》十張　土師史生《はじのさかん》、受ける　次官大夫廿五張を奉《たてまつ》る
又政所二十五張　末史生《すえのさかん》、受ける　大般若品の写し廿五
唯摩経《ゆいまきょう》裏敷紙十張

これも前の史料と同様、書写のための用紙の請求書である。年代は未詳。この傍線部「大進帝記」はやや難解である。ふるくは春宮職《とうぐうしき》・中宮職《ちゅうぐうしき》・大膳職《だいぜんしき》・修理職《しゅりしき》の三等官である大進《だいさかん》が所有する帝紀、その大進のために書写した帝紀、あるいはその他かは不明、とされた（前掲武田一九四四）。しかし、内裏の中の仏堂（内堂）に書写した経典を進納することを「内進」といい、これと「大進」が連続して使用されている文書がある（天平三年八月一〇日「写経目録」『大日本古文書』七巻八～三二頁）。このことから、右の「大進」は官職ではなく書写物の進納に関わる略語と考えられる。

また、その書写のために必要な用紙が「卅五張」である（二重傍線部）。一般的な経典の書写で一巻あたり十数枚から二〇枚の用紙が使用されたことを考えると、右の「大進帝記」は二巻であったと推定される。「大進」の意味は未詳だが、巻数など前掲の「帝紀日

本書」と共通する要素が確認できる。

以上の諸史料から七世紀から八世紀にかけて複数の帝紀が存在したことが分かる。帝紀に関してこれらから言えることは、大王家に限らず豪族や王族も「帝紀」を作成、所有していたこと、その分量は一・二巻であったことの二つである。ここで『古事記』の三巻という分量を考慮すると、帝紀は後の六国史のような一〇・二〇・三〇・四〇・五〇というような大部な巻数ではなく一・二巻程度の書物であったと考えられる。

帝紀の文字化

その帝紀が文字化されたのは、一体いつごろなのであろうか。津田が提起した欽明朝説（六世紀中ごろ）に説得力がないことはさきに述べた。そのほかの説についても検討してみよう。

盟神探湯と帝紀

まず允恭《いんぎょう》朝説〔前掲武田一九四四・小林敏男二〇〇六〕から。允恭は五世紀中ごろの大王で、その時代に盟神探湯《くかたち》がおこなわれ、「氏姓、自づから定まりて、更に詐《いつは》る人なし」という状況になったと伝えられている（『日本書紀』允恭天皇四年九月戊申条）。

同様の記述は『新撰姓氏録』の序文や『古事記』の序文と允恭段にもみられる。これらは八～九世紀において盟神探湯の起源が允恭朝にあると認識されていたことを示すものである。たしかに、氏姓が定まるためにはその基準がなければならず、その意味で允恭朝に帝紀がすでに存在していたという理解はありうる。

しかし、帝紀という統一基準が存在したのであれば逆に盟神探湯をおこなうような状況にはいたらなかったのではないか。氏姓に関する主張はその固定された文字情報と照合すればよいのである。また、この時点で書籍化された種々の帝紀が存在しており、その混乱を盟神探湯によって収束させた、ということも考えにくい。何より、文献としての帝紀の存在をうかがわせる記述がさきの史料からはまったくみえてこない。

かりに帝紀が存在したのであればこれに言及することなく氏姓が確定することは考えられないだろう。この盟神探湯のエピソードは逆に書物としての帝紀が未成立であったことを示していると思われる。

稲荷山古墳出土鉄剣銘

つぎに検討するのは五世紀後半の雄略朝説〔平野邦雄一九八五・角林文雄一九八九〕である。これには貴重な史料がある。稲荷山古墳《いなりやまこふん》出土の鉄剣に刻まれた銘文である。

稲荷山古墳は埼玉県行田《ぎょうだ》市の国指定遺跡・埼玉《さきたま》古墳群にある。一九七八年、十年前に出土した錆びた鉄剣の保存処理をするために元興寺文化財研究所（奈良市）で傷などがないかX線を使って確認作業がおこなわれていた。すると、剣の稜線部（タテの中心線で三角に盛り上がった所）に一一五文字が刻まれ、金で装飾されていることが分かった。これ

〈裏〉　〈表〉

図3　稲荷山古墳出土鉄剣銘（文化庁所有，埼玉県立史跡の博物館提供）

により五世紀の研究はさまざまな分野で大きく進展することとなる。まさに世紀の大発見であった。刻まれている内容を表・裏に分けてかかげるとつぎのようになる。

[表]　辛亥の年の七月中、記す。乎獲居《をわけ》の臣。上祖《かみつおや》、名は意富比垝《おほひこ》。其の児、多加利《たかり》足尼《すくね》。其の児、名は弖已加利獲居《てよかりわけ》。其の児、名は多加披次獲居《たかはしわけ》。其の児、名は多沙鬼獲居《さきわけ》。其の児、名は半弖比《はてひ》。

[裏]　其の児、名は加差披余《かさはよ》。其の児、名は乎獲居の臣。世々、杖刀人の首《おびと》と為《な》り、奉事し来り今に至る。獲加多支鹵大王《わかたけるのおおきみ》の寺、斯鬼《しきの》宮に在る時、吾、天下を左治し、此の百練の利刀を作らしめ、吾が奉事の根原を記す也。

筆者はこの章のはじめで系譜は史書であるとした。その意味で、現存最古の「史書」は『古事記』ではなくこの稲荷山古墳出土鉄剣銘である（図3）。

鉄剣銘の意富比垝（オホヒコ）

しかし、現代の私たちから見たらなんとも不思議な文章である。○○の子は△△、その子は□□、その子は××……、というように八代にわたってその系譜が語られている。これはかつて直系血統の系譜とみられていたが、今日では「地位継承次第」とみるのが通説である〔前掲義江二〇〇〇〕。この鉄剣を副葬品としたヲワケ（二重傍線部）はこの地方の首長、ワカタケル大王（傍線部）は雄略天皇とみられる。ヲワケは「杖刀人の首」、すなわち天皇の護衛隊長として雄略に仕えて信頼を得て、この鉄剣の鍛造と系譜の刻印をゆるされたのである。その系譜を表記に注目して二つに分けるとつぎのようになる。

（前半）　オホヒコ―タカリスクネ―テヨカリワケ―タカハシワケ―タサキワケ

（後半）　ハテヒ―カサハヨ―ヲワケ

前半は「ヒコ」「スクネ」「ワケ」といった尊称（波線部）をもつオホヒコ以下の五代の系譜。これをもたないヲワケ直近の後半三代がヲワケの直接所有する系譜で、これが前半五代に接続されて右の八代の系譜ができたと考えられている〔溝口睦子二〇〇三〕。

問題は「上祖《かみつおや》」と記される最初のオホヒコである。系譜の冒頭はこれに連なる者の権威や権力を保証する存在である。そこで気になるのはそのオホヒコがどのような意味においてヲワケの権威の源泉になっているのか、ということである。すなわち、オホヒコとはいったい誰なのか。

「記紀」のオホヒコ

これには有力な候補者がいる。『日本書紀』と『古事記』に〈孝元天皇〉の皇子として記載される〝オホヒコ〟である。『日本書紀』崇神《すじん》天皇一〇年九月甲午条には、

大彦命《おおひこのみこと》を以て北陸に遣す。武渟川別《たけぬなかはわけ》を東海に遣す。吉備津彦《きびつひこ》を西道に遣す。丹波道主命《たんばのみちぬしのみこと》を丹波に遣す。因《よ》りて詔して曰はく、「若し教《のり》を受けざる者あらば、乃ち兵を

図4　“オホヒコ”平定の北陸道（福井県勝山市）

挙げてこれを伐《う》て」と。既にして共に印綬を授けて将軍《いくさのかみ》とす。

という記述がある。冒頭の「大彦命」がオホヒコであり、そのあとの「印綬を授けて将軍とす」という表現からすれば倭王権のために軍事力をもって地方の制圧に当たる任務を負っていた。また、『古事記』崇神段にはつぎのようにある。

この御世に大毘古命《おおひこのみこと》を高志道《こしのみち》に遣し、その子・建沼河別命《たけぬなかはわけのみこと》は東の方《かた》の十二道に遣す。そのまつろわぬ人等《ども》を和し平《たいら》げしめき。又、日子坐王《ひこいますのみこ》を旦波国《たんばのくに》に遣して、玖賀耳之御笠《くがみみのみかさ》を殺さしめき。

ここではオホヒコは「大毘古命」と記され、そのあとの文をみるとやはり地方の武力制圧を任務としている。この二人の〝オホヒコ〟は倭王権の列島支配を実効化するための軍事的英雄として語られているのである。

もちろん、孝元という天皇の皇子にオホヒコという人物が存在し、実際に右のような活躍をしたとは考えられない。倭王権の地方制圧の過程を伝承化してこれをオホヒコという架空の人物に集約したのであろう。

そのさい、〝オホヒコ〟という汎用性の高い名前は多くの伝承を吸収するのに適していた。「杖刀人首」という武的手腕でもってワカタケル大王に仕えたヲワケとしては、このような武人としての名声をもつオホヒコはその始祖として崇めるには絶好の存在であった。

〝オホヒコ〟の意味

そしてそのオホヒコが当時の社会で権威を認められた存在だったからこそヲワケは鉄剣にその名を刻む意味がある。系譜とはその時代の「社会憲章」であり、「文化的構造物」である〔川田順造二〇〇一・前掲溝口二〇〇三〕。それはその社会が価値を認めている一定の規範であり、かんたんに壊すことはできない。

その実在性はともかくオホヒコは四道将軍《しどうしょうぐん》として倭王権の列島制圧に武功があり、その権威と価値はひろく認められていたのである。おりしも雄略天皇の時代は軍事力による列島支配が確立された時期であり、そのようなオホヒコを始祖とすることを許されたヲワケはその時代の波にのっていた。

ヲワケは雄略天皇の支配下に入ることによってオホヒコに接続する系譜を名乗ることを

許された。そしてそれは地方豪族のヲワケにとって大きなメリットとなった。地域を支配するにあたって倭王権という強力な後ろ盾が出来たからである。地方豪族にとって大王の支配下に入るということはその系譜の利用を許可されるということである。

倭王権の列島制圧が比較的スムーズに進められたのはこのような双方向的な利益を生み出す関係性があったためであり、それはその後の王統譜と氏族系譜の関係と基本的におなじである。

帝紀と鉄剣銘系譜

そのような役割をもつ系譜はあるとき誰かが勝手に作成してそのまま意味をもつものではないだろう。社会が共有する価値体系があって系譜をこれに接続することによってはじめて意味をもつのである。その接続を認可する権限をもっていたのが中央の王権である。

ヲワケの示した稲荷山古墳出土鉄剣銘以外にもおなじような系譜は複数あり、それが各地の豪族の権威・権力を保証していたと考えられる。それらは基本的には中央の王権から授与される形式にのっとっている〔前掲溝口二〇〇三〕。稲荷山古墳出土鉄剣銘の系譜の冒頭にはオホヒコが設定されているが、各地の有力豪族はそのような伝説化された王族の英雄を始祖として与えられたのである。

そのように考えられるのであれば、この時点で中央にはすでに帝紀が存在していたと考えられる。その大王側の系譜の存在によって地方の豪族ははじめて自身の始祖系譜を権威化できる。稲荷山古墳出土鉄剣銘の系譜の価値を保証していたのはオオヒコを有する大王家の系譜、すなわち帝紀なのである。

では、この帝紀は前代以来の口承系譜なのであろうか。それとも文字化され、成書されたものなのであろうか。

帝紀の文字化

ここですこし冷静に考えてみたい。中央の王権において口承系譜が維持されてたとしたら地方のヲワケがこれを鉄剣に〝文字〟として刻印するだろうか。

中央から権威を仮借する地方豪族がその権威とは異なる形質でこれを享受し、独自に表現することは考えにくい。倭王権は「文字として鉄剣に刻印する」という形態もふくめてヲワケにオホヒコ系譜の使用を認めたのであり、帝紀の文字化とその鉄剣への刻印はヲワケ個人の判断ではないだろう。

当時において、地方の首長は生前に墳丘の規模と形態を中央から指定されており、副葬品とあわせてそれが下賜されたとも言われている。『日本書紀』には蘇我蝦夷《そがのえみし》と入鹿《いるか》が生前に「大陵《だいのみささぎ》」「小陵《しょうのみささぎ》」を造営させていたという記述があるが（皇極《こうぎょく》天皇元年是歳条）、この記事などは生前の古墳造営を示唆している。そうだとすればさきの鉄剣銘という形質の指定の蓋然性も高まる。

したがって、筆者は雄略朝《ゆうりやく》（五世紀後半）の時点で中央の王権には文字化された帝紀が存在していたと考える。では、その文字化の契機はいったい何なのか。

雄略朝という時代

履中朝の「国史」と「四方の志」

この時期は倭の五王の対宋外交が展開されていた。このような文書外交によって文筆に関する運用能力も蓄積されてくる。それは秀麗な漢文が要求される外交という国家的な課題によって列島内部でも次第に浸透していったと考えられる。興味深いのは倭王・讃《さん》とも推定される五世紀前半の履中《りちゅう》天皇の時代につぎのような記事があることである。

始めて諸国に国史《ふみひと》を置き、言事《ことわざ》を記して四方《よも》の志《ふみ》を達《いた》さしむ。

（『日本書紀』履中天皇四年八月戊戌条）

各地に「国史」という書記官を配置して地方の情勢を記録して朝廷に報告させる、という内容である。この記事には漢籍による潤色があり、この時点での史実と認めないのが一

表１　倭の五王の遣使（『宋書』倭国伝）

倭の五王	比定される天皇	朝貢の年	冊封された地位
讃	応神/仁徳/履中	421年 425年	
珍	仁徳/反正	438年	安東将軍 倭国王
済	允恭	443年 451年	安東将軍 倭国王 使持節都督 倭・新羅・任那・加羅・秦漢・慕漢・六国諸軍事 安東将軍 倭国王
興	安康	462年	安東将軍 倭国王
武	雄略	478年	使持節都督 倭・新羅・任那・加羅・秦漢・慕漢・六国諸軍事 安東大将軍 倭国王

般的である。しかし、そうだとしてもなぜこれが履中紀に配置されたのかということを考えなければならない。筆者が注目したいのは履中が倭王・讃であればそれは対宋外交の嚆《こう》矢《し》となるということである。

　中国王朝が他国の使者を迎えいれる場合、その国の歴史や地理、風俗を問うのが通例である。約一五〇年ぶりとなる対中国外交は倭国内でもそれなりの準備がなされたと考えられ、それには自国の歴史や地理、風俗を整理することも当然ふくまれていたであろう。「国史」という名称やその実態、および「諸国」の範囲はともかく、さきの記事はそのような記録の体制を整えた史実を伝えたものと考えられる。そこでは「四方の志《ふみ》」、すなわち文書での報告がおこなわれていたのである。

雄略朝の「史戸」と「史部」

その履中朝から約半世紀後、五世紀後半の雄略天皇の時代になるとこのような書記体制はさらに充実したと思われ、雄略の個性がストレートに表現される。

つぎの記事をみてみよう。

是月に、史戸《ふみひとべ》・河上舎人部《かわかみのとねりべ》を置く。天皇、心を以て師とし、誤りて人を殺すこと衆《おお》し。天下、誹謗《そし》りて言《もう》さく、「大《はなは》だ悪《あ》しくまします天皇なり」と。唯《ただ》し愛寵《あいちょう》する所は史部《ふみひとべ》の身狭村主青《むさのすぐりのあお》・檜隈民使博徳《ひのくまのたみのつかいはかとこ》等のみなり。

（『日本書紀』雄略天皇二年一〇月是月条）

最後の行の「史部」は文筆能力をもって朝廷につかえる伴造《とものみやつこ》（職業集団）の一種で、最初の行の「史戸」はこれを輩出する渡来人の集団を意味する。おなじ「フミヒトベ」でも意味がことなる。右の史料は、雄略は横暴であったが史部の身狭村主青・檜隈民使博徳たちだけはかわいがった、という意味である。「史部」というグループ名で表記されていることに着目すれば、雄略は身狭村主青らを個人として好んだのではなく、その技術を重視していたのである。

これら履中紀・雄略紀の記事を『日本書紀』の潤色、もしくは誇張とするのは適切ではない。斎部氏の由来を示した氏文《うじぶみ》である『古語拾遺』（九世紀初め）にも履中朝に「阿知《あちの》使主《おみ》と百済の博士・王仁《わに》とをして、その出納を記さしむ」とあり、雄略朝には三蔵《みつのくら》（斎《いみ》蔵《くら》・内蔵《うちつくら》・大蔵）の出納を「東《やまと》・西《かわち》の文氏《ふみうじ》をしてその簿《しるしぶみ》を勘《かんが》え録《しる》さしむ」とある。書記や記録に関することとなる内容を『日本書紀』と『古語拾遺』はべつべつのエピソードと表記で伝えている。したがって両者の記述は信頼してよく、履中紀の「国史」「四方の志」と雄略紀の「史戸」「史部」の記事は対宋外交における文筆能力の重視と向上という一貫した流れでとらえられる。

雄略天皇は倭の五王の最後である武にあたる。倭の五王のラストにしてその頂点である倭王・武の時代には帝紀の書記化の技術的条件はすでに整っていた。

雄略朝の帝紀

右のような雄略朝におけるさまざまな状況は書記化された帝紀の背景としてとらえられる。雄略朝の稲荷山古墳出土の鉄剣銘やそれより前の履中朝の「四方の志」の存在は中央の帝紀が口承であることを示唆しない。そしてその内容についてはさきにみた稲荷山古墳出土鉄剣銘から考えることができる。

そこには「獲加多支鹵大王」「斯鬼宮」などの王名や王宮の所在地、「其の児、……」という系譜、さらに「辛亥の年」「七月中」という暦に関するが事項が刻まれている。ということは、中央の帝紀においてもこれらの情報が記載されていた可能性が高い。

これはさきにかかげた武田の分類による「一　天皇の続柄・出自」「二　天皇の名前」、

および「三　皇居と治世の年数」という部分をカバーしており、「四　后妃と皇子・皇女、およびその事績」「五　天皇の事績」の一部もふくまれることになる（本書二一頁）。しかし、治世年数や崩御の年月日に関する記述は全体としてはこの時点でも未整備であったと思われる。

なぜならば、帝紀のいわば最終形である『古事記』と古代の年紀研究の達成である『日本書紀』を比較すると、天皇の没年齢とその年月日についてはほとんど一致しない。最終的に採択されたのは『日本書紀』の方であり、そうなると『古事記』における天皇の没年齢その他がそれ以前の帝紀の記事を反映していると考えられる。かりに両書が共通する帝紀を編纂資料として用いているとしたら、たとえ各種の異本があったとしてもほとんどが不一致という結果にはいたらないと考えられるからである（井上光貞一九六五）。

年月日をともなう史書の誕生は『日本書紀』まで待たなければならず、それを雄略朝に求めることはできない。雄略朝における帝紀は、あくまで王代記としてさきの内容のいくつかを備えていたのであろう。

旧辞の内容と構造

旧辞の内容

つぎは旧辞について考えてみたい。その内容に関してじつは左の二つの見解がある。

A　大王の系譜に関係ない昔の話
B　神の系譜やその物語

ふつうはAの理解が主流である。しかし、「天皇の事績」のとらえ方によっては歴史上ほとんどの出来事が帝紀にあてはまってしまうことは前に述べたとおり。帝紀を深く分析すればするほど、旧辞がこれに吸収されていくのである。事実上、帝紀と旧辞を峻別することは困難であり、帝紀とは旧辞の一部である、帝紀と旧辞はおなじ意味であるという説もあるくらいである〔志水義夫二〇〇四〕。

ここにBの理解が成り立つ余地がうまれる。それぞれの漢字の意味からすれば「旧」は古い・むかし、「辞」は言葉・話という意味である。すなわち「旧辞」は昔話という意味になる。そこで問題はどこからが〝旧（むかし）〟なのか、ということになる。そのもっともハッキリした区切りは神代と人の世の変わり目である。この点をもうすこし深く掘り下げてみよう。

旧辞と帝紀の関係性

旧辞は帝紀と並置、または対置される概念である。そうであれば、その〝旧（むかし）〟とは帝紀に対応するものなのではないだろうか。そうであれば旧辞は大王以前の昔話ということになる。それは神々の時代の物語、すなわち神話である。

かつて倉野憲司は、『古事記』の上巻（神代）は「殆《ほとん》ど先代旧辞のみ」で、中・下巻（人の世）は「帝皇日継と先代旧辞との継ぎ合わせか、または帝皇日継のみから成り立っている」と述べた〔一九六三：三五二頁。傍線は筆者。以下おなじ〕。また、西郷信綱も「帝紀は人皇の世の記事をさし、本辞すなわち先代の旧辞の方は神代の記事をさす」と述べている〔一九六七：一九七〜九八頁〕。

倉野・西郷は一致して旧辞と帝紀の差異を神代と人の世という時代区分にあると理解したのである。この二人の碩学の発言はとても重要だと思われるのだが、現在かえりみられることはあまりない。しかし、筆者はこの意見に賛成である。

帝紀がのちに六国史として転生していったとき、神話と天皇系譜は『日本書紀』において合体されている。そして興味深いのはさきの帝紀でみたような旧辞に関する史料が奈良時代以降に見あたらないことである。プロローグでみた鎌倉時代の『本朝書籍目録』には「帝紀」はあっても「旧辞」というジャンルはなく、その代わりに「神事」という項目が立てられている。この「神事」が「旧辞」に対応してその内容を伝えていると推測されるのである。

筆者は旧辞とは神々の系譜とこれに関する物語、すなわち神話であると考える。また、倉野・西郷両氏が慎重に留保したように、それ以外の昔話もこれに一部ふくまれることは否定しない。『古事記』に採録されている歌謡はこれを説明する詞《ことば》書《が》き的なエピソードをともなっており、大王の系譜とは直接関係のない独立したそれらも旧辞なのであろう。これらは当然、帝紀と同様に当初は口承詞章として伝えられていた。

旧辞の成立過程

帝紀・旧辞が同時期に編纂されたという理解については津田説がほぼそのまま継承されている。これについてはさきに疑問を呈したが、ある意味でそれもやむを得ない。史料が少なすぎるのである。

では、旧辞はいったいどのように成立し、そして文字化されていったのか。ここでは旧辞が神話を中心とする物語という理解にもとづいて視座を変え、神話論からこれを考えてみたい。「記紀」神話の形成については、かつて岡田精司によってその背景や理由とともにつぎの三つの段階が想定されている〔岡田精司一九七五〕。

①　欽明朝—世襲王権の成立
②　推古朝—天皇記・国記の編纂
③　天武朝—天照大神の創出、出雲神話の接収

当然であるがこれら神話の形成は「史書」史と対応しており、さきにかかげた①の欽明朝は従来説の帝紀・旧辞、②の推古朝は天皇記・国記、③の天武朝は『日本書紀』の編纂と関連づけられる。

最初の欽明朝の位置づけについてはやはり世襲王権の成立という観点から語られている。複数の王家が存在する世襲王権の成立以前の段階ではその数だけ神話があり、それが統属関係にある地方豪族の神話と対応している。それが一本化されたのが大王家の成立した欽明朝というとらえ方はたしかに整合的である。

それらは時代を下るほど整理、統合されていって現在の「記紀」神話に近づいていく（②③）。逆に言えば神話は時代をさかのぼればさかのぼるほど多元的なものであった。この点は『日本書紀』神代巻にみられる「一書」やその多様性をみればよく分かるだろう。

もともと旧辞こそが多種多様であった。

「旧辞」の交流

このようなもともとの旧辞のあり方を伝えていると考えられるのが大《だい》嘗祭《じょうさい》における諸国の語部《かたりべ》である〔上田正昭一九六八〕。

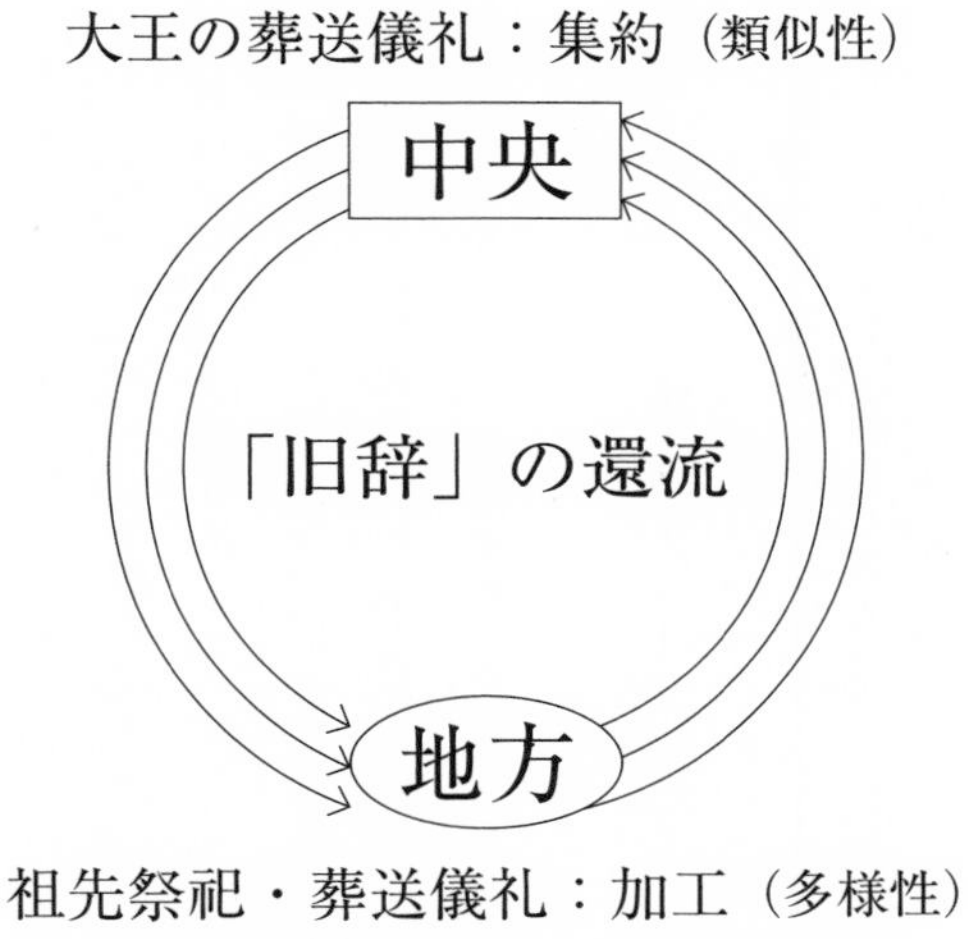

図５　旧辞の類似性と多様性

平安時代の大嘗祭では諸国の語部が大嘗祭に供奉《ぐぶ》し、「古詞《ふること》」を奏上する姿が伝えられている（『延喜式《えんぎしき》』践祚大嘗祭条29物部門部語部条・式部省下3大嘗会条など）。この語部は出雲（島根県）より東、美濃（岐阜県）より西の西日本の東部から中部地方の本州に限られており、律令制以前の古い支配形態を残していると言われている。大嘗祭において地方の語部は自国の口承詞章を歌謡も交えて奏上していた。

語部は一種の芸能人として大嘗祭に参加しており、それが地方の中央に対する服属儀礼になっている。

そしてこれらの「旧辞」群は相互に交流することによって次第に親和性を高めていったと考えられる。旧辞は王権を円心にいわば波紋のように地方にひろがり、その過程で各地の豪族の伝承が吸収されていった。その神話の〝波〟が王権の支配領域の周縁にあたってはね返され、ふたたび中央にかえされる。

そのくり返しが中央と地方とで神話を還流させることとなり、旧辞の類似性と多様性を同時に生んでいったのである（図5）。そしてその運動は、倭王権による列島支配の強化と比例して広がっていく。しかし、それはけっして中央（大王家）が地方（豪族）を抑圧するというような対立的なものではなかった。

「旧辞」の集約

したがって筆者は、かつて津田（本書一五頁X①）が想定したように朝廷で作成された一つの神話がそのかたちを保ったまま地方にひろがったとは考えない。当時においてそのような中央集権体制が想定できないからである。のちの風土記は在地の伝承を集約するかたちで成り立っていると言われるが、地方で形成された「旧辞」（神話）も同様であったろう。類似性をもつ神話群は中央と地方でそれぞれ作成され、それらが交流するなかで利害を共有し、次第に集約されていったと考えられる（図6）。

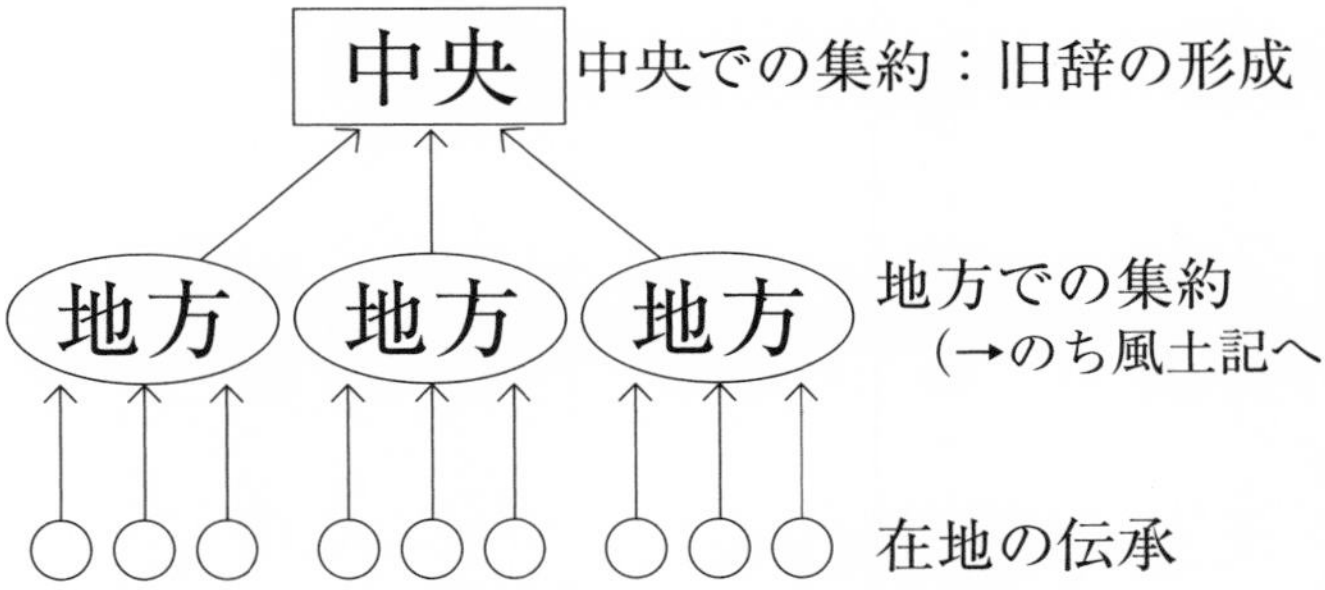

図6　旧辞の集約構造

それら地方の種々の「旧辞」が集約され、統合されたのは大王の葬送儀礼の場である〔前掲岡田一九七五〕。そこでは地方豪族の「旧辞」に対して中央の王権からの修正が加えられ、これによって地方豪族はその秩序に従属することになる。地方豪族は中央の王権に接続した新たな旧辞を専門の能力をもつ語部を通じて持ち帰り、自身の地方統治に利用する。これが旧辞の還流するメカニズムである。

旧辞の本質は語られる神話であり、それは語部という特殊な技能をもった生身の人間によって担保されている。大王の葬送儀礼は越前（福井県）から即位した継体天皇がそれまでの王統譜とつながるためにそのつぎの安閑朝に殯宮《ひんきゅう》儀礼として整備されたと考えられる〔和田萃一九九五〕。それまで複数の王家、すなわち複数の神話によって成り立っていた大王家が世襲王権として転生するとき口承詞章である「旧辞」ははじめて統一に向かった

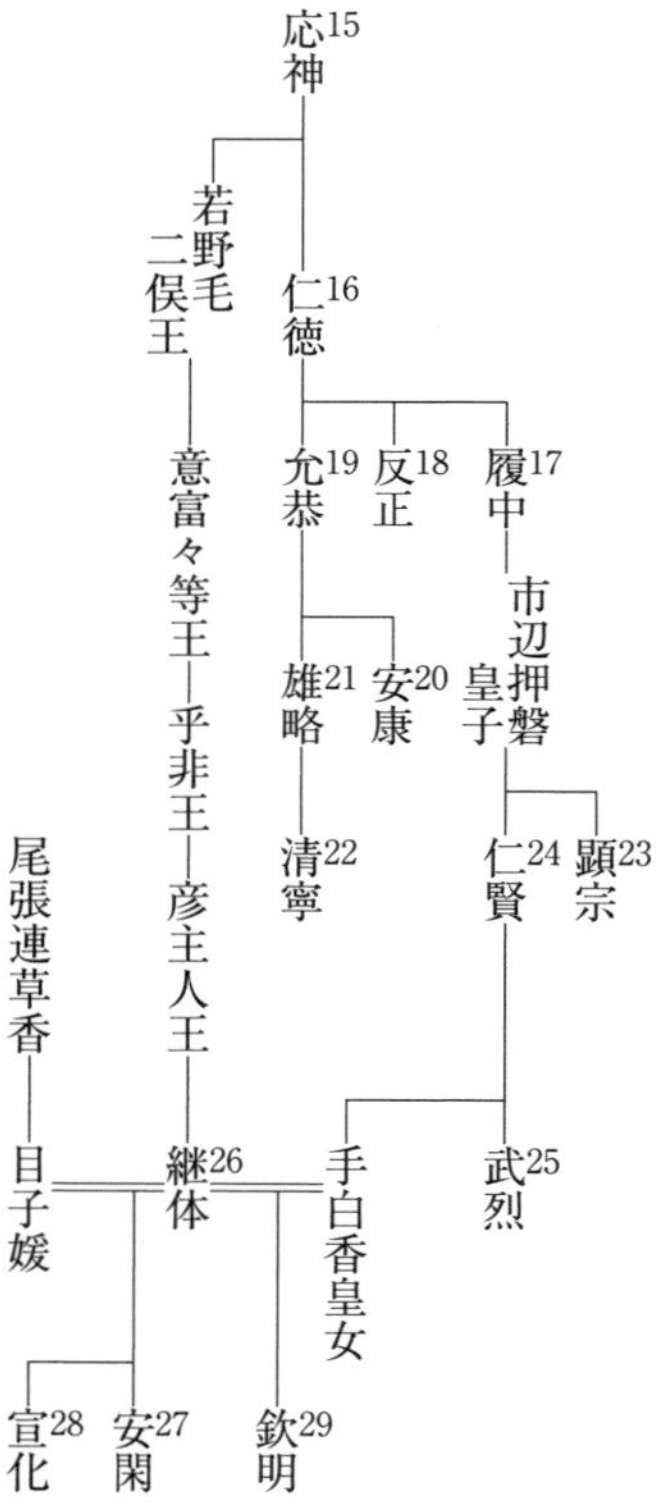

図7　5〜6世紀頃の大王系譜

のである。

「旧辞」の文字化

しかし、その統合には多大な時間と労力を要したと思われる。その体現者がいる大王系譜という実際の政治権力は一元化できても、「旧辞」にはそれぞれの豪族の神々への信仰と祭祀の体系がともなう。その代々受け継がれてきた伝統と精神世界の再編には多くの課題があったであろう。また、語部から神話を聞くという受動的な体験をともなう「旧辞」は、その神秘性や信仰など帝紀よりも文字化することによって失われるものが大きかった。

実際、卜部《うらべ》氏の氏文である『新撰亀相記』（九世紀）には「上古以往は、書籍伝わらず。（中略）今、是の上都におきてをや。二神の化《な》りたまいし上代旧辞は、皆、口を以て誦《よ》む」とある。はるか昔に書物はなかった。今の都・平安京におけるイザナギ・イザナミの二神の誕生を物語る「旧辞」も皆、口頭でこれを伝えている、という意味である。

平安時代になってもこのような状況である。六世紀前半から半ばの安閑・宣化朝や欽明朝、すなわち世襲王権の成立直後の大王家はこれを口承のまま一元化することで精一杯だったのではないか。内乱の可能性すら指摘される不安定な時期に前代の秩序を否定することになる「旧辞」の文字化がなされたとは考えにくい。

では、それらの「旧辞」はいったいいつ文字化されたのか。これを『日本書紀』の編纂時期まで引き下げてしまうと「一書」の存在が問題となる。日本神話のさまざまな異説を伝える「一書」は書記化された「旧辞」であり、書紀編纂がはじまった七世紀後半の時点で複数の旧辞があったことはたしかである。

また、白雉《はくち》五年（六五四）の段階で遣唐使の一行が「国初めの神の名」を返答していることからすれば（『日本書紀』同年二月条）、神々の系譜は七世紀中ごろまでには一度確定していたとみられる。遣唐使の彼らが語部としての能力を有していたとは考えられないから、その頃までにおそらく旧辞は文字化され、官人たちのあいだで共有されていたのであろう。そうなると「旧辞」が文字化された時期は六世紀半ばから七世紀前半にしぼられる。

旧辞の文字化

そのあいだでもっとも可能性の高いのは六世紀末から七世紀前半にかけての推古朝であろう。推古朝の修史事業ではそれまで複数の神的人間によって語られていた説話が〈神武天皇〉として集約されている〔直木孝次郎一九九四〕。〈神武〉という神代と人世を区別する初代の天皇の設定は神話と歴史の境目を明確にするものであり、このときに神話の統合がなされたものと考えられる。

すなわち、推古朝の天皇記の編纂過程で旧辞は帝紀に接続され、そこではじめて文字化されたのではないか。今から八〇年以上も前になるが、山田孝雄が『古事記』の生成に関して「推古天皇の御世まで行はれた語部の伝承を採録したもの」と端的に述べているのは十分、参考になる〔一九三五：三四頁〕。

従来の欽明朝説とは大きくことなるが、旧辞は〈神武天皇〉の設定にあわせて推古朝においてはじめて文字化された、というのが筆者のたどり着いたここでの結論である。

倭王権と帝紀・旧辞

これまでの考察で史書として文字化された帝紀は雄略朝（五世紀後半）に成立し、旧辞は推古朝（六世紀末〜七世紀初め）に文字化されたと考えた。では、それらの成書の契機はいったい何なのであろうか。口承の系譜と詞章が文字化されたということはそれなりの歴史的な背景を想定しなければならない。当然そこには王権そのものの質的な変化があったとみるべきである。

五世紀の対外情勢

この節では雄略朝と推古朝を中心に五〜七世紀までの倭王権の推移、さらにこれを俯瞰する東アジア情勢をみていく。そのなかで帝紀・旧辞の変遷を考える材料を見出したいのである。まずはやはり対外情勢である。

倭王・武の上表文（順帝・昇明二年〈四七八〉）には高句麗《コグリヨ》と敵対してこれと交戦する様

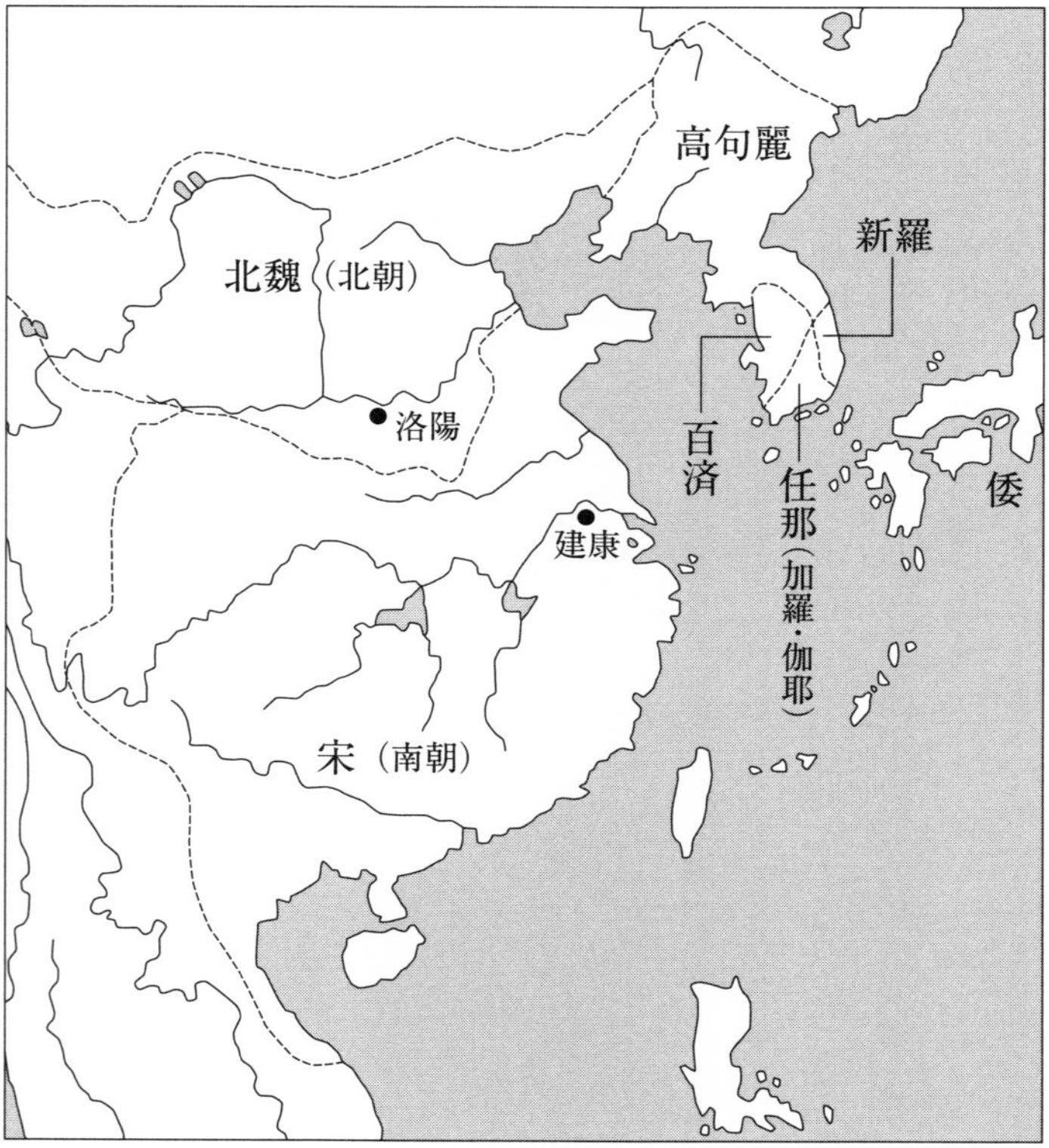

図8　5世紀頃の東アジア

子が描かれている。それはおおよそつぎのような内容である。

高句麗は周辺を攻略して人民を略奪しています。私（雄略）の亡父・済（允恭）は倭国が中国へ往来することを高句麗が妨害していることを怒り、これと戦おうとしました。しかし突然、父（允恭）と兄（安康）を失い、もう少しで成功するはずの高句麗遠征もいま一歩のところで成果が出ていません。

右の上表文からは倭国による朝鮮半島への外征が断続的におこなわれていることが分かる。倭国は五世紀を通じて朝鮮半島において高句麗・新羅《シルラ》・百済《ペクチェ》と交戦しており、対中国外交は基本的にその軍事作戦の遂行のために展開された。そのような対外戦争をふくめた朝鮮経営のなかで列島支配は次第に強化されていく。

前述のように朝鮮情勢がとくに活発化した雄略朝は、対外関係においてもっとも厳しい状況におかれていた。そのため国内支配の強化は外政上の課題としてさらに高度化したのである。この時期に使用が始まったとされる元嘉暦は大型古墳の築造とも関連し、列島内における複数の地域から多くの兵士を期日どおりに徴発するためのものと考えられており〔細井浩志二〇〇七〕、右に述べたような国際情勢を反映している。

雄略と葛城氏の争い

いっぽう国内情勢に目を移すと、雄略はおなじく大王家を構成する有力豪族・葛城《かつらぎ》氏との主導権争いをくりひろげていた。葛城氏は景行から仁徳まで四代の天皇に仕えた伝説をもつ建内宿禰《たけのうちのすくね》の子・襲津彦《そつひこ》を始祖とする（もちろん史実ではない）。『日本書紀』では襲津彦の女・磐之媛命《いわのひめのみこと》は仁徳の皇后で履中・反正《はんぜい》・允恭の生母であり、また、仁徳《にんとく》から仁賢《にんけん》までの九代の天皇のうち安康をのぞく八人の天皇の生母、后妃が葛城氏の出身である（図9）。

この葛城氏と雄略との争いを示唆するのがさきの倭王・武の上表文にある雄略の父・允恭と兄・安康の急死である。この一節は雄略王統と葛城氏との壮絶な争いを伝えているとも言われており、雄略が国内の権力を苦心して統合した様子がうかがわれる。そしてそれは複数ある王統を淘汰し、王権を強化していく過程でもあった〔鈴木靖民二〇〇二〕。

その葛城氏による「帝紀」として『日本書紀』顕宗即位前紀に引かれる「譜第」が推定されている〔大橋信弥一九九六〕。強大な勢力を誇った葛城氏の血統は当時の帝紀において大きな位置を占めており、雄略はその葛城氏を滅ぼした大王として列島を支配した。そこで葛城氏を排除し、自身の王統を称揚するあらたな帝紀の編纂に取りくんだのである。それはあらたな倭王権の確立の証しでもあった。

そこではこれまでの権威を上回る帝紀が必要とされた。雄略は対宋外交を通じて列島内に文字が浸透するなかで、内外に誇示する自己の王権を表現するために帝紀をはじめて文字化したのである。履中朝から雄略朝における政策の展開のなかですでに口承系譜を文字化する社会的な背景は整っている。

中央で雄略王統というあらたな基準を得て文字化され、さらなる権威づけがなされた帝紀は稲荷山古墳出土の鉄剣と同様にそれぞれの首長の序列にしたがって各地に分与されていった。五世紀後半の内外情勢の変化をうけて倭王権による列島支配を新たな段階に引き上げた雄略はそれにあわせて列島支配の政治システムとして帝紀を文字化したのである。

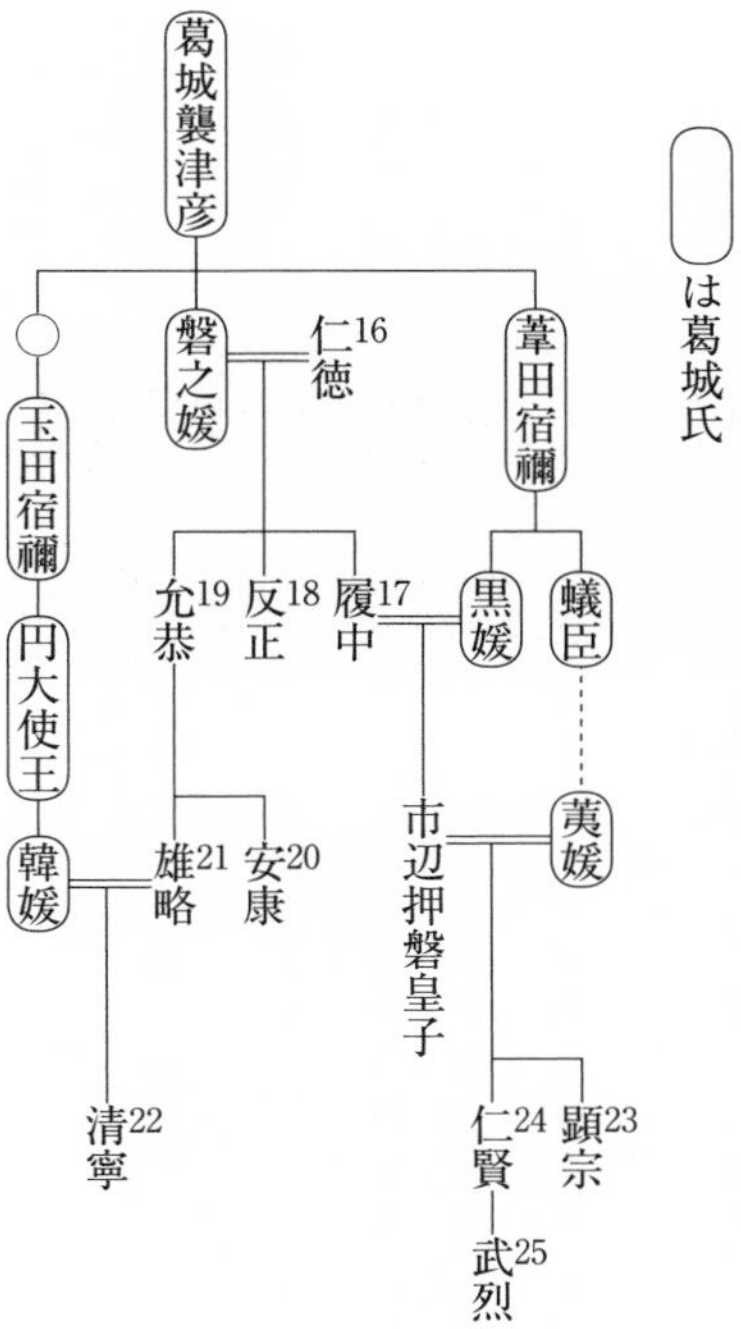

図9　葛城氏と大王家

図10　稲荷山古墳

帝紀・旧辞と地方豪族

いっぽうで地方豪族による地域支配の要点は自身をいかに王権に接続できるかであり、その証しとして中央の系譜を必要とした。

中央の王族をモデルにして偶像化された英雄は自分たちの権威と権力を強化するための格好のツールであり、各地の豪族はこれを求めて倭王権に服属した。その見返りとしての系譜の頒布はそれぞれの豪族に対しておこなわれたが、渡来人を中心とする識字力は地方においても確実に広まってきている。

雄略朝における武蔵北部の地方豪族・ヲワケは帝紀に記されるオホヒコを始祖とする許可を得てこれに自身の系譜を接続して鉄剣を作成させた。それは鉄剣という可視化された権威である。

おそらく、系譜が刻印された鉄剣を打ちたてた古墳において集まった群衆のなかで語部がその系譜を朗々と読み上げたのであろう。同様に文字化され、読みあげられる系譜は列島各地に存在しており、それが倭王権のあらたな列島支配につながっていった。

天皇記・国記へ

その雄略朝から一世紀以上をへた西暦五八九年、隋が約四〇〇年ぶりに中国大陸を統一した。巨大な帝国の出現は東アジア世界へ緊張をもたらし、倭国もこれに対応する権力の集中を余儀なくされる。従来の支配体制を列島規模で強化する必要性が出てきたのである。

そして国内ではある豪族が急激にその勢力を拡大して大きな権力を掌握していた。その豪族は婚姻によって大王家との関係を強化し、系譜のうえでもこれに同化しつつある。雄略が滅ぼしたかつての名族・葛城氏から出たその豪族は欽明王権の確立に大きく貢献してその地位を確保し、のちには大王位をうかがうまで勢力を拡大していく。

その豪族とは蘇我氏である。蘇我氏を中心としたあらたな大王家の形成は帝紀の再編をうながした。葛城氏を排除して専制的な権力を打ちたてた雄略によって帝紀は文字化されたが、逆に今度は蘇我氏というあらたな王権の構成員を迎えいれることとなった。

いっぽう、これに関連する旧辞（神話）は世襲王権の確立以前には分立していたと思われる。それが一元的にまとめられる契機となったのが殯宮儀礼のはじまった安閑朝であり、その後、世襲王権の確立した欽明朝頃に現在のような共通した形式になったと思われる。

しかし、それは語部による表現が重視された口承詞章であり、文字化されるまでにはいたっていない。この「旧辞」が文字化されたのがより大きな国家的課題を突きつけられた推古朝であった。

現実の政治においてもイデオロギーの世界においても、推古朝の国政を支える天皇記・国記はこのようにして誕生する。

推古朝の国政と天皇記・国記

七世紀初めの史書

天皇記と国記の史料

『日本書紀』の二つの条文

推古朝の史書として天皇記・国記が知られている。と言っても、その原文はいっさい伝わっておらずくわしいことは分からない。ただそのような史書が編纂されたことだけは確実で『日本書紀』推古天皇二八年（六二〇）是歳条につぎのように記されている。

皇太子・嶋大臣《しまのおおおみ》、共に議《はか》りて、天皇記及び国記、臣連《おみむらじ》伴造《とものみやつこ》国造《くにのみやつこ》百八十部《ももあまりやそべ》并《あわせ》て公民等の本記を録す。

右は厩戸皇子《うまやどのおうじ》と蘇我馬子《そがのうまこ》が協力して「天皇記」「国記」・「臣連伴造国造百八十部并て公民等の本記」を編纂した、という記事である。短いながらも「臣連伴造国造百八十部并て公民等の本記」や「録」の解釈、是歳条の性格もふくめて問題の多い史料である。つぎに

『日本書紀』で天皇記・国記が登場するのは皇極天皇四年（六四五）六月己酉条である。

　蘇我臣蝦夷等、誅《ちゅう》せられるに臨みて、悉《ことごと》くに天皇記・国記・珍宝を焼く。船史《ふなのふひと》恵尺《えさか》、即ち疾《と》く焼かるる国記を取りて、中大兄に奉献す。

なお、『日本書紀』以外の国史や『古事記』に天皇記・国記の記載はない。

　二つ目にみた皇極紀は蘇我氏の本宗家が滅ぼされた乙巳《いっし》の変での出来事を記している。蘇我入鹿《いるか》が宮中で惨殺された後、中大兄皇子《なかのおおえのおうじ》を中心とする朝廷軍は甘樫丘《あまかしのおか》の蘇我蝦夷《えみし》邸を包囲した。勝ち目のないことをさとった蝦夷はその翌日、邸宅に火をつけて自尽《じじん》する。右はそのさいの一コマである。蝦夷は滅ぼされる直前に天皇記・国記などをすべて焼き払おうとしたが、船史恵尺が焼かれようとする国記をすばやく取り出し、これを中大兄皇子に献上したというものである。この皇極紀についても天皇記はいったいどうなったのか、「臣連伴造国造百八十部并て公民等の本記」はなぜ書かれていないのか、船史恵尺とはいったい誰か、など疑問はつきない。そして、これに関連するのが『新撰姓氏録《しんせんしょうじろく》』の序文である。

『新撰姓氏録』序

　皇極、鏡を握れり。国記、皆燔《や》かる。幼弱、その根源に迷い、狡強、その偽説を倍《ま》す。
　天智天皇、儲宮《もうけのみや》なり。船史恵尺、燼書《しんしょ》を奉進す。

『新撰姓氏録』は氏族の出自や由来を示す目録で、桓武《かんむ》天皇（在位：七八一〜八〇六年）

がその編纂を命じて嵯峨天皇の弘仁六年（八一五）に完成している。その編纂にあたっては朝廷の内外で可能な限り資料を探し、これらを比較、考察して本文を定めている。『日本書紀』にみえない記事もありその意味で貴重な史料である。

右の部分は、皇極朝に国記がみな焼かれたので弱者はその出自を失って迷い、ずる賢い者はこれをさらに偽っている。このとき天智《てんじ》天皇は皇太子であり、船史恵尺は焼かれようとする国記を奉ったのである。というようになる。時系列が微妙で分かりやすい文章とは言えない。しかし、国記の内容を考えるうえでは重要な史料である。

このほか、聖徳太子信仰にもとづく『七代記』（八世紀）や『聖徳太子伝暦』（一〇世紀）、さらに『先代旧事本紀《せんだいくじほんぎ》』などにも同様の記事がみられるが基本的には『日本書紀』をもとに作成されたものであり、天皇記・国記を考える基本史料はさきの三つとなる。さらに天皇記が帝紀であれば前の章でみた正倉院文書や『上宮聖徳法王帝説』などに記載される「帝紀（記）」も参考史料とすることができるだろう。

推古紀と皇極紀の評価

天皇記・国記については従来もっぱら『日本書紀』の二つの記事を用いて考察していた。それも天皇記・国記、「臣連伴造国造百八十部并て公民等の本記」が編纂されたという推古紀の記事を中心にして、これに皇極紀の焼失記事を後日譚として追加するのが普通であった。そして皇極紀に天皇記・国記だけが記されて「臣連伴造国造百八十部并て公民等の本記」という書名が見えないのはたんなる省略と考えられていた。

しかし、二つの史料を読みくらべてみると皇極紀の方が実録風の記述であり、一方の推古紀は是歳条という特異な条文である。是歳条は、①年が分かっていても月日が不明な場合、②同年内の継続する出来事を一括してかかげる場合、③編纂の都合で意図的に挿入する場合などに設定される。この場合、天皇記・国記の編纂作業が一年以内に終わったとは考えられないから①②には無理がある。となると、残る可能性は③である。では、この記事はいったいどのような経緯で推古紀に挿入されたのであろうか。

これについては、天皇記・国記の編纂が始まった年月は不明だが推古朝ということだけは伝わっており、そのため推古朝の是歳条に編成されたと考えられる。ではなぜ、「二八年」の是歳条なのであろうか。この点は同年が欽明天皇の五十年忌にあたることが注目される〔笹川尚紀二〇一六〕。『日本書紀』の同年一〇月条には、欽明天皇陵にあらためて葺《ふき》石《いし》を敷きつめて周囲を盛り土で囲み、そこに氏ごとに柱を立てるという儀式がおこなわれたことが記されている。

欽明《きんめい》王統と蘇我氏によって形成された推古朝の王権はその始祖である欽明天皇を顕彰しているのである。年次の不明な天皇記の編纂記事をどこに配置するかという判断において、推古王権の起点である欽明天皇と関連づけてこれを設定することには意義がある。そのため天皇記・国記の編纂記事は推古天皇二八年に配置されたのである。

したがって史料としては、推古紀よりも年紀という意味での信頼がおける皇極紀の方がむしろ重要である。そうなってくると『新撰姓氏録』序にも注意を払わなければならない。

皇極紀と『新撰姓氏録』序

皇極紀と『新撰姓氏録』序は伝えている内容こそほぼおなじであるが、後者では氏姓の確定における国記の役割を大きく評価している。国記が中大兄皇子に献上されたことで庚《こう》午年籍《ごねんじゃく》につながり、それがその後の氏姓の基準となって『新撰姓氏録』に結実するのである。『新撰姓氏録』も『日本書紀』とおなじ朝廷による編纂物である。その史料的価値を低くみる必要はない。皇極紀についてはこの『新撰姓氏録』序の内容を念頭におき、国記のみが火中から取り出された意味を考えるべきであろう。

この皇極紀・『新撰姓氏録』序の焼失記事の前提として天皇記・国記が編纂されたという記事が必要となる。存在にふれないまま、いきなりその焼失と献上を記述してもその効果はうすい。そのため推古紀の編纂記事が必要だったのである。つまり、第一に考察すべきなのは『日本書紀』皇極天皇四年六月己酉条であり、これをおぎなうのが『新撰姓氏録』序である。これまで第一にとりあげられていた『日本書紀』推古天皇二八年是歳条はむしろ最後に検討するべき史料なのである。

従来は『新撰姓氏録』序をそれほど評価せず、また皇極紀は推古紀の付属的な記事として位置づけられていた。しかし、筆者はこれを逆の視点から読みとくべきであると考える。

「臣連伴造国造百八十部并て公民等の本記」の考察

一書か注か

つぎに推古紀の「天皇記・国記」のあとに記される「臣《おみ》連《むらじ》伴造《とものみやつこ》国造《くにのみやつこ》百八十《ももあまりやそ》部《べ》并《あわせ》て公民等《こうみんら》の本記《ほんぎ》」について考えてみたい。この字句についてはそのような長い名前の一書があったとする説と直前の語句である「国記」の注記とする説の二つがある。なお、「臣連伴造国造百八十部并て公民等の本記」という表記をこれからずっと用いるのはすこし煩雑なので、以下この字句は適宜「臣連…本記」と略称したい。それにしてもいったいどちらの理解が正しいのであろうか。

現在の私たちが目にする『日本書紀』のおもな刊本（活字本）は新訂増補国史大系（吉川弘文館）、日本古典文学大系（岩波書店）、新編日本古典文学全集（小学館）だが、それらはすべて「臣連…本記」が本文と同じ大きさで表記されている（図11）。

注記であれば細字の二行割書き。すなわち、本来は本文一行分の横幅を二行に分けて小さく書かれていたはずである。それが書写の過程で意図的に（意改）、あるいは誤って大きく書き写され（誤写）、本文のように大きく表記された可能性がある。

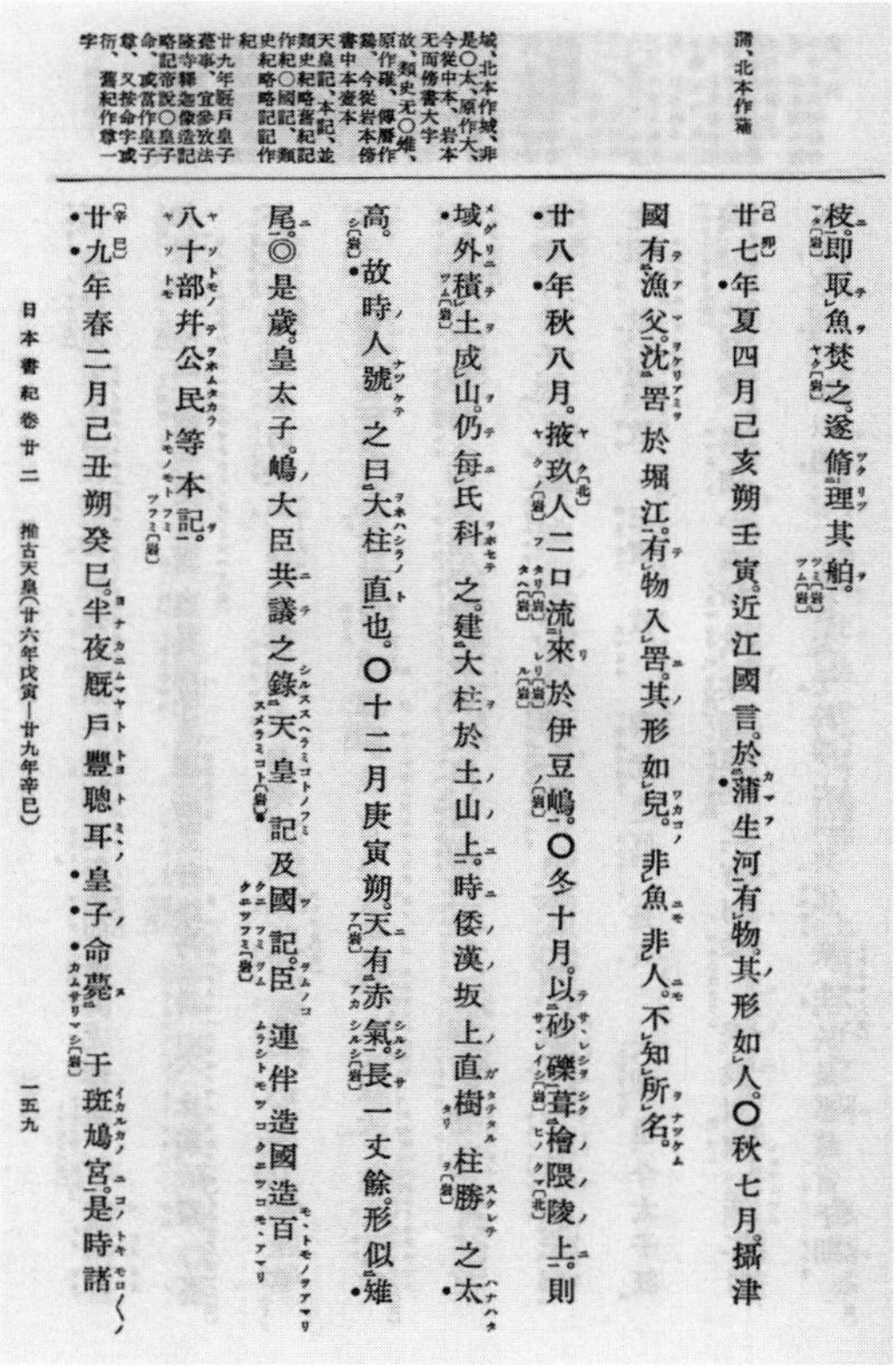
蒲、北本作蒱
域、北本作城、非是○大、原作犬、今從中本、岩本无而傍書大字
故、類史无○雉、原作雖、傳曆作鷄、今從岩本傍書中本壷本
天皇記、本記、並類史紀略舊紀記作紀○國記、類史紀略記作史紀紀略記
廿九年、厩戸皇子事、宜參攷法隆寺釋迦像造記、略帝說○皇子命、或作宮作皇子尊、又按命字或衍、舊紀作尊一字

枝。即取魚焚之。遂脩理其舶。

廿七年夏四月己亥朔壬寅。近江國言。於蒲生河有物。其形如人。○秋七月。攝津國有漁父。沈罟於堀江。有物入罟。其形如兒。非魚非人。不知所名。

廿八年秋八月。掖玖人二口流來於伊豆嶋。○冬十月。以砂礫葺檜隈陵上。則域外積土成山。仍毎氏科之。建大柱於土山上。時倭漢坂上直樹柱勝之太高。故時人號之曰大柱直也。○十二月庚寅朔。天有赤氣。長一丈餘。形似雉尾。◎是歲。皇太子。嶋大臣共議之。錄天皇記及國記。臣連伴造國造百八十部并公民等本記。

廿九年春二月己丑朔癸巳。半夜厩戸豐聰耳皇子命薨于斑鳩宮。是時諸

日本書紀卷廿二　推古天皇（廿六年戊寅―廿九年辛巳）　一五九

図11　新訂増補国史大系本の推古天皇二八年是歳条

影印本と複製本

「臣連…本記」の字句を記載する推古紀は第二二巻である。この巻の『日本書紀』の写本は大きく分けて卜部本《うらべぼん》系と非卜部本系になる。卜部本系は戦国時代の公卿・卜部兼右《うらべのかねみぎ》（一五一六～七三）が書写した兼右本を中心として卜部家に伝わった写本である。もういっぽうの非卜部本系はそれ以外の写本で「古本」とも呼ばれ、書写過程での相互の系統性はない。ここで、これらを再現した影印本・複製本をみてみよう。

卜部本系は天理図書館善本叢書『日本書紀　兼右本三』（八木書店、一九八三年）、古本系は当該巻最古の岩崎本（一〇世紀頃）を復刻日本古典文学館『日本書紀　巻第二十二』（日本古典文学刊行会、一九七二年）、宮内庁本（一二世紀頃）を宮内庁書陵部本影印集成『日本書紀　三』（八木書店、二〇〇六年）、北野本（一二世紀）を貴重図書複製会『日本書紀　国宝北野本』（同会、一九四一年）を実際に確認してみた。しかし、「臣連…本記」の部分はその前後の本文とまったく変わりなく記されている（図12）。

すくなくとも現存する『日本書紀』で「臣連…本記」を細字二行割書きの分注として伝える写本はないようである。では、「臣連…本記」は天皇記・国記につづく第三の史書なのであろうか。

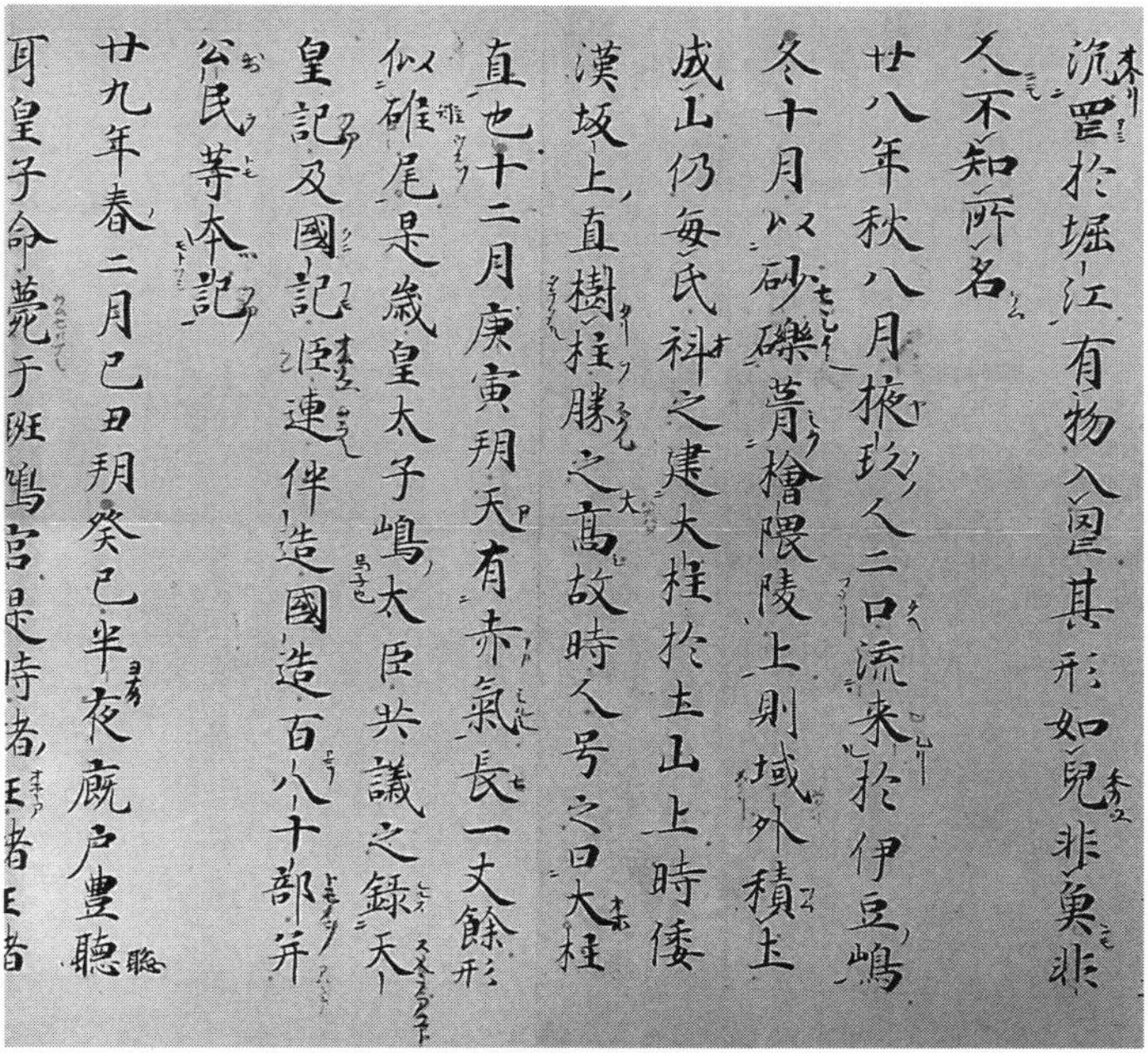
沉罟於堀江有物入罟其形如兒非魚非
人不知所名
廿八年秋八月掖玖人二口流來於伊豆嶋
冬十月以砂礫葺檜隈陵上則域外積土
成山仍毎氏科之建大柱於土山上時倭
漢坂上直樹柱勝之太高故時人号之曰大柱
直也十二月庚寅朔天有赤氣長一丈餘形
似雉尾是歳皇太子嶋大臣共議之録天
皇記及國記臣連伴造國造百八十部并
公民等本記
廿九年春二月己丑朔癸巳半夜厩戸豊聰
耳皇子命薨于斑鳩宮是時諸王諸

図12　岩崎本の推古天皇二八年是歳条（京都国立博物館所蔵）

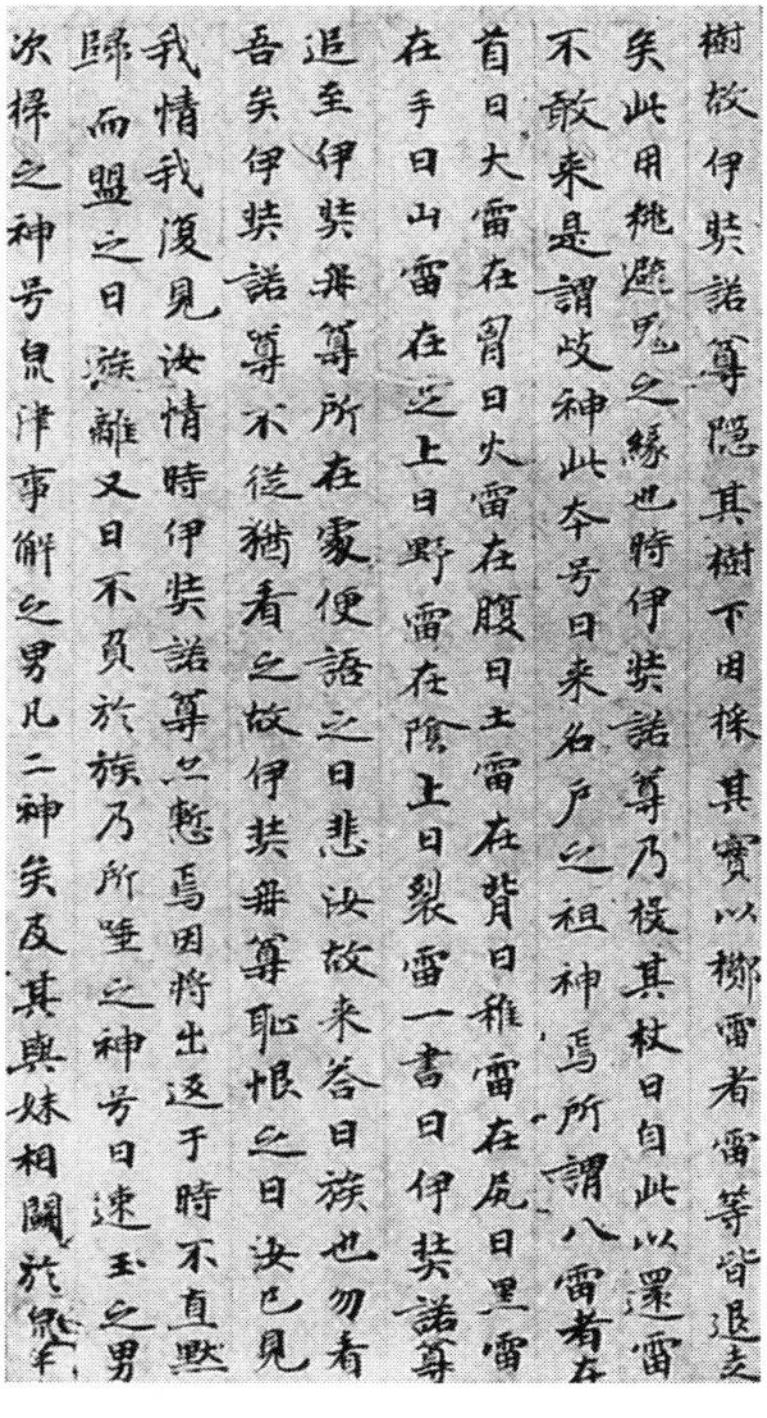
樹故伊奘諾尊隠其樹下因採其實以擲雷者雷等皆退走
矣此用桃避鬼之縁也時伊奘諾尊乃投其杖曰自此以還雷
不敢来是謂岐神此本号曰来名戸之祖神焉所謂八雷者在
首曰大雷在胸曰火雷在腹曰土雷在背曰稚雷在尻曰黒雷
在手曰山雷在足上曰野雷在陰上曰裂雷一書曰伊奘諾尊
追至伊奘冉尊所在處便語之曰悲汝故来答曰族也勿看
吾矣伊奘諾尊不從猶看之故伊奘冉尊恥恨之曰汝已見
我情我復見汝情時伊奘諾尊亦慙焉因將出返于時不直默
歸而盟之曰族離又曰不負於族乃所唾之神号曰速玉之男
次掃之神号泉津事解之男凡二神矣及其與妹相闘於泉平

図13　『日本書紀』神代紀・二行割書きの注（佐佐木本『日本書紀』より）

本文と分注

じつは『日本書紀』における本文と分注の関係は特殊である。本文と分注は必ずしも本文がメインで分注がこれに従属しているというわけではない。長い編纂作業のあいだに本文と分注のもととなる諸資料は比較検討され、ときとして両者が入れかわることがあったのが明らかにされている〔坂本太郎一九八八a〕。本文と分注は編纂過程においてテキストとしてほぼ等しい価値を有していたのである。

また、後世における書写の過程で分注が本文化されたケースもある。神代《じんだい》巻（上・下）の「一書」はもともと細字二行割書きの分注であった（図13）。しかし、卜部家の神話を探究する学問のなかで研究対象として本文と同じ大きさになり、目立つように一字ぶん下げて書かれている。現在、私たちがみるほとんどの『日本書紀』はこの形である（図14）。

ところで問題の「臣連…本記」は是歳条である。是歳条の分注の約半分は前の語句を説明する注（語句注）で、その他は訓読を示す注（訓注）や異説（異注）である。語句注の

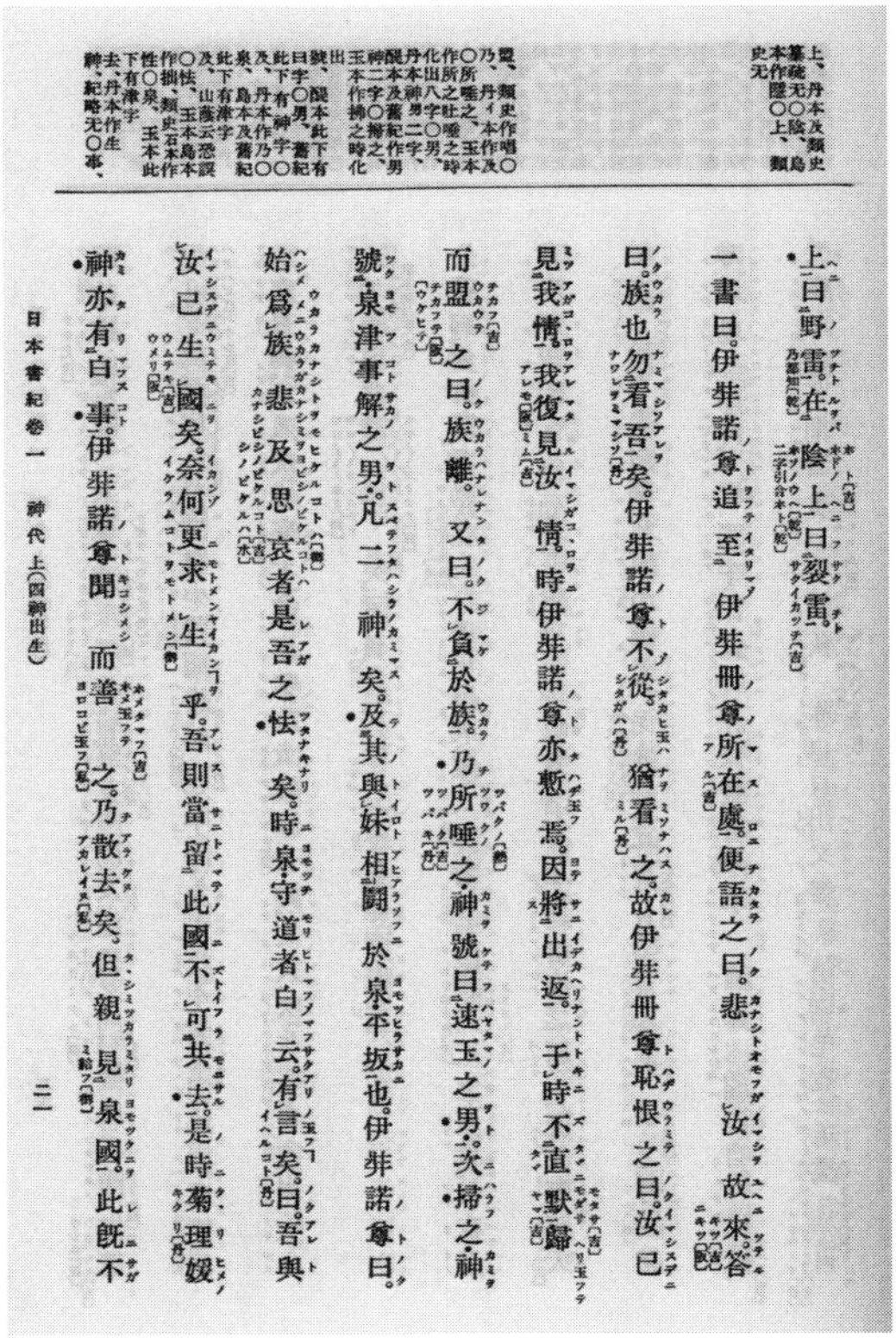

図14　新訂増補国史大系本の神代巻・大字

文体は「A者《は》B是也《これなり》」「A者《は》B也《なり》」などのような場合もあるが、「AB也《なり》」などのように簡略化されている場合がある（Aが対象語句、Bがその注の文）。

さらに極端な場合は「AB」というように本文に注をそのまま連続させている場合がある。これは是歳条に限らず、天智天皇一〇年（六七一）正月是月条、持統天皇五年（六九一）八月辛亥条などにもみられる表記法で当該語句の意味をもっとも簡潔に説明する書式である。

本文化した分注

その分注が本文化した事例と考えられるのが垂仁《すいにん》天皇二年是歳条である。

任那人《みまなのひと》・蘇那曷叱智《そなかしち》、請《もう》さく。「国に帰らんとす」と。蓋《けだ》し先皇《さきのみかど》の世に来朝して未だ還《かえ》らざるか。（以下、略）

最後の「蓋し」以下の一文（傍線部）は、おそらく前の天皇（崇神《すじん》）のときに来日して今まで帰国していなかったのだろう、という意味である。この部分だけとつぜん考察が入り、本文の調子としては落ち着かない。これは書紀編纂者の見解であって原資料にはなかった可能性が高い。江戸時代の『日本書紀』の注釈書である河村秀根《ひでね》の『書紀集解《しっかい》』（一八世紀末）ではこれを後人の書き入れとみて削ることを主張しているが、むしろ分注が誤って本文化したものとみられる。

こうなってくると、現在の私たちが原本を正しく伝えていると思って使用している『日本書紀』はじつは誰かがそれを間違って書き写したものかもしれない、という疑いがわいてくる。現在のおもな刊本は江戸時代の寛文九年板本（新訂増補国史大系）と鎌倉・室町時代の弘安本・兼右本（日本古典文学大系・日本古典文学全集）とを底本としているが、それが朝廷の図書寮に保管されていた正本の系統に属するとは限らない。

某者が書写したものがその原本でそれが間違っている可能性や書入れがなされていることも考えられるのである。ここでこの問題に結論を出すことはできないが、現行の本文（大字）と分注（小字）の関係が絶対的なものでないことはたしかである。

これらのことから大字とはいえ「臣連…本記」が本文であるとは断定できず、もともと分注であった可能性は十分ある。あとは史料読解のうえで本文、分注のどちらの可能性が高いのかという判断の問題になってくる。

「臣連…本記」の解釈

この部分を「国記」の注記と考えたのは榎英一氏で発表から五十年ちかくたった今でも通説としてみとめられている。その榎説の論拠はつぎの四つである〔榎英一　一九七五〕。

a　『新撰姓氏録』序によれば国記は氏姓の基本であり、「臣連…本記」はこれにふさわしい内容である。

b　皇極紀に「天皇記」「国記」は記されるが「臣連…本記」はみえない。

c　書名として「臣連伴造国造百八十部并て公民等の本記」は長すぎる。

d　該当する条文において「及」字の位置が不安定である。

これに近年、有力な批判を加えたのが笹川尚紀氏である〔前掲笹川二〇一六〕。ここでは笹川論文の榎説批判を通じて「臣連…本記」が独立した一書であるのか国記の分注であるのかを判断していきたい。

まずaについて。笹川氏は『新撰姓氏録』序の「国記、皆燔《や》かる」という記述の「国記」に「臣連…本記」が含意されており、前後の文体にそぐわない字数をもつ「臣連…本記」は省略されたというように考えている。しかし、「国記」と「臣連伴造国造百八十部并て公民等の本記」がべつべつの書物であるのに後者を前者に含意させて双方の意味をもたせている、という解釈にはそれなりの根拠が必要である。字数の比較のみでは十分と言えないのではないだろうか。

次にbについて。これも書名があまりに長すぎたために省略されたというのが笹川氏の見解である。そのさいに前提となるのは皇極紀の文に「臣連…本記」が含意されているということであるが、これについては証明することがむずかしい。推古紀では「天皇記」「国記」「臣連…本記」があたかもセットのようにあつかわれているが、その解釈を皇極紀にそのまま持ち込むことはできない。さきに述べたように推古紀より皇極紀のほうが史料的な価値が高いからである。そうであれば、皇極紀に「臣連…本記」という意味を想定する積極的な根拠はなくなってしまう。ここは皇極紀の字句どおりに読むべきである。

次にcについて。書名が長すぎるということに関してはあくまで印象論に止まるというのが笹川氏の指摘である。しかし、「天皇記」「国記」に対して「臣連伴造国造百八十部并公民等本記」という字句が長いということは史料上の事実であり、このアンバランス自体は印象ではない。問題はこの字数の差をどうとらえるかである。

最後にdについて。「天皇記及び国記、臣連伴造国造百八十部并て公民等の本記」の「及」字の位置の不自然さについては十分な根拠とはなりにくいというのが笹川氏の批判である。この点については『日本書紀』の他の条文（仲哀天皇九年二月丁未条）が実例としてあげられており妥当と思われる。

以上、dの批判は的を射ており、cについても可能性を残すものの、abについては榎氏の理解の方が適切であると思われる。すなわち『新撰姓氏録』序や『日本書紀』皇極天皇四年六月己酉条に含意や省略を想定して、「臣連…本記」を一書とみなす説には十分な根拠が認められない。したがって筆者は「臣連…本記」は「国記」の注記であり、これが書写の過程で本文化したものと考える。

推古朝で編纂された史書は天皇記と国記の二つである。残された史料を駆使してこれからその両書の内容にせまってみたい。

王統譜としての天皇記

書名の実体

天皇記についてはまずその書名について考えなければならない。推古朝に天皇号がなかったとすれば同書はいったいどのような名前だったのであろうか。これについては「天記」「帝記」「大王記」という三つの説がある。

第一の「天記」は「国記」との対応関係から考案された説である。欽明天皇の諡号が「天国《あめくに》排開《おしはらき》広庭《ひろにわの》天皇《すめらみこと》」であり、この時期に「天《アマ》」「国《クニ》」という思想がセットで成立したとみることを根拠とする。しかしこれを「天記」「国記」という書名にただちに結びつけてよいかは疑問である。アマ・クニの思想で編纂された「天記」という書名であれば、「国記」を残したままこれをわざわざ「天皇記」と潤色する理由が明確でないからである。それならばむしろ「天記」のままの方がよいだろう。

第二の「帝記」は普通名詞としての「帝紀」を条文の「天皇記」に引きつけて再解釈したものである。ちなみに『上宮聖徳法王帝説』にもおなじく「帝記」の用例がある（本書二三〜二四頁）。問題は「記」なのか「紀」なのかということになるが、両者には記録物という共通する意味もある。したがってここで問題を「帝記」か「帝紀」かという議論に落とし込むことにあまり意味があるとは思えない。

最後の「大王記」は新編日本古典文学全集『日本書紀』②（小学館、一九九六年）の頭注の説だが、天皇を大王に置きかえただけであって十分な根拠はない。こうなると従来の三つの説はどれも承認しにくい。

筆者は天皇記の実際の名称はたんなる「帝紀」だったと考える。従来の権威と権力を更新したあらたな帝紀が推古朝に編纂され、それが『日本書紀』の編纂時に「天皇記」と名づけられたのである。

推古紀には外交文書においても「東天皇」という潤色がみられ（推古天皇一六年〈六〇八〉九月辛巳条）、〈聖徳太子〉礼賛の志向とあいまって天皇制に対する演出がなされている。そのため天皇記という表記がここで採用されたのである。天皇記はほんらい帝紀であり、『日本書紀』の編纂を示す天武天皇一〇年（六八一）三月丙戌条に「帝紀」は登場するが「天皇記」がみえないのはそのためである。

ただし、推古朝に編纂された「帝紀」をその前後の帝紀と区別することは「史書」史を考えるうえでは必要である。したがって、この本では推古朝の「帝紀」を『日本書紀』の表記のまま「天皇記」として話をすすめていく。

編纂の開始と終了

その天皇記の編纂時期だがこれについても推古紀の「録」の解釈をめぐって二説ある。すなわち、推古天皇二八年に編纂が終了したとする説と逆に編纂が始まったとする説である。しかし問題となる「推古天皇二八年」自体が欽明王統を顕彰するための特別な年次であり、これに固執することにはあまり意味がない。この問題は幅をとって推古朝に編纂が終了したのかどうか、ということに置きかえるべきである。

これについては皇極紀において天皇記が蘇我邸にあったと記されていることが手がかりになる。もし天皇記が完成していたのであれば朝廷に献上されていたはずであるから、この時点で蘇我邸にあるということは編纂作業が終了していない、という理解である。

しかし、天皇記が一本のみ作成されてそれが蘇我氏に占有されていたわけではないだろう。朝廷に副本、あるいは原本があったとしても不自然ではない。天皇記は欽明王統と蘇我氏の帝紀なのである。皇極紀をすなおに読めば天皇記が未完成であることをうかがわせる記述はない。天皇記は推古朝において完成していたと考えられる。

資料と用字と文体

その編纂に用いられた資料はいったいどのようなものなのであろうか。これについては口承資料と文献資料の二つが考えられるが、これをどちらか一方に限定する理由はない。

後年の『日本書紀』においても「一云」などの口承資料が用いられており、それより文献の数が少なく文字の使用頻度が低い時代にあってそれがまったく用いられなかったとは考えられない。また、前の章でみたように、帝紀が五世紀後半の段階ですでに文字化されていたことからすれば周辺各種の文献資料を無視して口承資料のみで天皇記を編纂したとも考えられない。天皇記はその両方を用いて編纂されたと考えられる。

つぎにその文体と用字について。これについては本文が伝わらないため詳細は分からない。しかし、中国史書のような純粋な漢文であったという説と『上宮記』のような古い表記法であったとする説の二つがある。『上宮記』の逸文についてはつぎの章でくわしく検討するが、天皇記の先進性を主張する前者とその逆の後者という図式になる。いったいどちらが正しいのであろうか。これについては『日本書紀』天武天皇一一年（六八二）三月丙午条のつぎの記事が参考になる。

境部連石積《さかいべのむらじいわつみ》等に命《みことのり》して、更に肇《はじ》めて新字一部四十四巻を造らしむ。

右の傍線部「新字」については諸説あるが天武朝において律令の制定や史書編纂のため

にこれまで使用されていた古い字体を更新したという理解が一般的である。この時期が文書行政の確立期であり、また前年に『日本書紀』の編纂が始まっていることを考えるとこの解釈には妥当性がある。

これとはべつに書紀以前の史書である「帝王本紀」には「多く古字有り」とあり、プロローグでみたように『日本書紀私記』丁本にも「古語仮名之書」「古語之書」が数多くあったことが記されている。つまり七世紀以前の史書は「古字」「古語」で記述されていたと考えられ、天皇記だけがその例外とする理由はみあたらない。

その具体的な文体としては『上宮記』の逸文「一云」（『釈日本紀』巻一三・所収）・「下巻注云」（『聖徳太子平氏伝雑勘文』下三・所収）との類似性が想定されている。『上宮記』の成立は推古朝、またはそこからあまり下らない時期という考え方が有力であり、天皇記と『上宮記』はほぼ同時代の史書である（次の章を参照）。そうであれば天皇記の用字・文体もさきの二つの『上宮記』逸文に共通するものであった可能性が高い。

系譜の完成度

では、そのおもな内容である系譜にはいったい何が記されていたのであろうか。天皇記の編纂の際に〈神武《じんむ》〉が初代天皇として設定されたということは前の章で述べた。しかし、それ以降の王統譜については〈神武〉以来のすべての天皇系譜が確定したと考える説から、初代〈神武〉～一五代応神までの直系系譜が形成されたとする説、二代〈綏靖《すいぜい》〉～八代〈孝元《こうげん》〉・九代〈開化《かいか》〉までの系譜が作成されたとする説、一〇代崇神～一四代仲哀《ちゅうあい》までの系譜が作成されたとする説などじつにさまざまである。そこで『日本書紀』白雉《はくち》五年（六五四）二月条に注目してみたい。

大唐《もろこし》に遣す押使・大錦上高向史玄理《たかむこのふひとくろまろ》、（中略）田辺史鳥《たなべのふひととり》等、二船に分れて乗り、留連《りゅうれん》すること数月《あまた》。新羅道を取りて、萊州《らいしゅう》（現・山東省）に泊れり。遂に京《みやこ》［長安］に到りて、天子［高宗］に観《まみ》え奉《たてまつ》る。是に、東宮監門・郭丈挙《かくじょうきょ》、悉《ことごと》に日本国の地里及び国の初めの神の名を問う。皆、問に随《したが》いて答えつ。

高向玄理を中心とする遣唐使の一行は、唐の都・長安で「日本国の地里（理）」と「国の初めの神の名」を問われた（傍線部）。前者は倭国の支配領域、後者は神話とその世界観、さらにはこれを集約する神々の系譜と考えられる。

これらの質問に対し、遣唐使一行は「皆、問に随いて答」えることができた（波線部）。したがって、この時点ですでに遣唐使一行には倭国の領土と神話・歴史に関して支障なく回答できる共通の認識があったのである。

そうであれば、これ以前に倭国の国土観・歴史観がつくられていたということになる。ではそれはいつ形成されたのか。その作業の基盤になったのは時期的にみて天皇記・国記の編纂以外には考えにくい。つまり、天皇記の時点で『日本書紀』につながる神話と天皇系譜はいちおう完成していたと考えられる。

年紀の有無

つぎに年紀についてはどうであろうか。『日本書紀』のように起こった出来事を年月日にしたがって順番に記述する史書を編年体という。『古事記』はそういった形式はとらず天皇の代ごとにこれを順序だて、そこで起こった出来事を記述する王代記である。二つともまぎれもなく史書であることは前の章で述べたとおり。では、天皇記はいったいどちらの体裁であったのか。これについても年紀を認める説とそうでない説の二つがある。

暦日がすでに雄略朝（五世紀後半）段階で使用されていたことは稲荷山古墳出土の鉄剣銘でみた。しかし、これだけでは系譜（史書）に年代や月日の記載があったことにはならない。なぜならば暦日を使ってかりに○○天皇の△年目の□月×日の出来事ということは言えても、その前後の王統譜が完備されていなければこれをつないで細かな年代を設定することはできない。

暦日を用いた日々の記録は推古朝から始まるとされるが、そのことがそれ以前のすべての出来事に年月日を与えたという意味ではないだろう。編年体の史書を成立させるためには、①まず王統譜が確定され、②つぎに初代〈神武天皇〉の即位年、③さらに各王代の統治年数が設定されなければならない。

しかし、すくなくとも天皇の治世年数は推古朝以前には確定していないとされる〔三品彰英一九四八〕。〈神武天皇〉の即位年については天皇記の時点で設定されたとする考えもあるが〔横田健一　一九八四〕、これについての明確な根拠はない。となると、その後の大王の統治年数がすべて整備されていたかどうかもあやしい。年紀設定の最初の条件①はクリアしていると思われるが、②③が完備されているかどうか不明なのである。そしてなにより、のちの『古事記』時点でも年紀は設定されていない。そうなると、それ以前の帝紀である天皇記に年紀が記載されていたと考えるのはむずかしい。

巻　数

では、天皇記の巻数はどれくらいであったのだろうか。のちの六国史は一〇・二〇・三〇・四〇・五〇巻という数だが、それより百年以上前の天皇記の時代にそこまでの分量はちょっと想定しにくい。ちなみに、九世紀になって『古事記』『日本書紀』を切り貼りして作成された『先代旧事本紀』は一〇巻である。

ここで帝紀の巻数という意味で『上宮聖徳法王帝説』が一巻、正倉院文書の「帝紀」「大進帝記」が二巻、そして『古事記』が三巻であることを思い出したい。帝紀というジャンルの史書は一～三巻だったのである。天皇記もこの範囲内の巻数であったと考えられる。では、一巻か、二巻か、三巻か。

これについては推論するしかないのだが、後者によせて考えるのが妥当なのではないか。

欽明王統と蘇我氏を軸にしてあらたに作成した帝紀が最小の一巻であったとは考えにくい。また同時期の帝紀である『上宮記』は三巻であり、天皇記がそれ以下の二巻であったとも考えにくい。そうなると天皇記は三巻であった可能性が高いのである。

王統譜としての天皇記は〈欽明王統＋蘇我氏〉という新たな王族の確立を目的として編纂された。それは「古字」「古語」を用いて神代史から書きおこされたもので、年紀はなく全三巻であった。

氏族系譜としての国記

ふたたび皇極紀

つぎに国記について考えたい。国記に対するもっとも大きな疑問は炎上する蘇我邸から船史恵尺《ふなのふひとえさか》がなぜこれを取り出したのか、ということである。自邸に火を放った蝦夷は「悉《ことごと》く天皇記・国記・珍宝を焼く」という行為におよんでいる。死後における自家の財産の略奪を拒んだということであろうが船史恵尺はそこから「焼かるる国記」を取り出した。従来はこの「国記」という表記に天皇記、あるいは珍宝をふくめて考えていた。さきの「臣連…本記」とおなじ解釈の方法である。しかし、このような理解にはやはり疑問がある。

内容の違う複数の書物を一つの書名＝「国記」で表現したということに賛成できないのである。もちろん、史料上の字句に表現されていない史実を抽出できるかどうかは研究者の手腕であろうが、国記は帝紀である天皇記の上位にある書物ではない。それなのに天皇記を記さずにあえてこれを下位の国記に代表させることはほとんど考えられない。このような解釈になってしまうのは推古紀において「天皇記・国記」がセットになっており、これを起点に皇極紀を解釈するからである。

推古紀の記述を皇極紀にあてはめて読むのは適切ではなく、ここはあくまで皇極紀の字句を優先して理解するべきである。すなわち、ここはすなおに国記だけが火中から取り出されたとみるべきであろう。では、なぜ船史恵尺は天皇記を取り出すことができなかったのか。あるいは〝取り出さなかった〟のか？

焼かれた天皇記

その理由が天皇記と国記がべつべつの場所にあったからだとは考えにくい。両書の保管は蘇我邸内のおなじ場所でなされていたと考えるのが自然である。朝廷の図書寮でも保管物として「経籍図書」（儒教の古典・陰陽五行関係の書物）や「内典」（仏教の経典）・「仏像」があげられている（養老職員令6図書寮条）。これらは管理するべき貴重品としておなじ空間（倉庫）におさめられており、朝廷では書籍と物品は共通の場所で保管されていた。各豪族の邸宅にも同様の収納スペースはあったものと推測される。皇極紀における「天皇記・国記」（書物）＋「珍宝」（物品）というひと続きの表記はそれをあらわしている。

図15　甘樫丘東麓遺跡（奈良国立文化財研究所提供）

そのおなじ場所で天皇記・国記と珍宝があわせて炎上するなかで船史恵尺がなんの考えもなく偶然、国記のみを取り出すだろうか。そこには一定の判断にもとづく選択があったはずである。そこで天皇記が選ばれなかったのはなぜか?

それは天皇記が蘇我氏の帝紀だったからである。それは蘇我氏打倒の目的で乙巳の変をおこした孝徳天皇（軽皇子《かるのみこ》）、中大兄皇子・中臣鎌足《なかとみのかまたり》らにとっては無用の歴史書である。無用どころか消し去るべき前代の政治権力にほかならない。その副本（原本）は朝廷にもあり、その編纂資料となった帝紀・旧辞も他の豪族や朝廷にいくつか存在していたであろう。したがって蘇我邸の天皇記が焼却されたとしても以後の修史事業に不都合はなかった。天皇記は孝徳・中大兄らにとって排除すべき史書だったのである。

『日本書紀』があえて天皇記の焼かれたことを記述するのは蘇我氏の帝紀を否定する「史書」史における〝大化改新〟という演出である。蘇我氏本宗家の蝦夷・入鹿とともに天皇記という史書はときの王権によって歴史的に抹殺されたのである。

船史恵尺

天皇記が火中から取り出されなかったのは右のような政治上の理由による。では、逆に船史恵尺はなぜ国記を取り出したのか。その意味を知るために船史恵尺とその周辺について考えてみよう。

まず乙巳の変のさい、彼は蘇我邸内にいた可能性が高い。蘇我邸のある甘樫丘を朝廷軍が包囲している状況で外部から恵尺が単身で潜入したとは考えられないのである。では、恵尺はなぜ蘇我邸にいたのか。

これについては恵尺が国記の編纂作業に従事していたからと考えるのが普通である。たしかに編纂作業にたずさわっていれば国記の所在を特定できるし、炎上中の邸宅から自らの死の危険を冒してこれを取り出すという動機の面でも説明がつきやすい。

恵尺のでた船氏は王辰爾《おうじんに》（六世紀中ごろ）を祖とする文筆に秀でた氏族で、そのため「史《ふひと》」という姓《かばね》をもらっている。恵尺は国記の関連史料以外には『続日本紀《しょくにほんぎ》』文武《もんむ》天皇四年（七〇四）三月己未条の道照の卒伝にその父として「恵釈」という名前が出てくるのみである。そもそも「船」というウジ名は王辰爾が「船賦《ふねのみつき》」と呼ばれる入港税、あるいは関税のようなものを管理したことに始まる（『日本書紀』欽明一四年〈五五三〉七月甲子条）。その後は、その一族が「白猪田部《しらいのたべ》丁籍《のよぼろのふみた》」、「田部名籍《たべのなのふみた》」と呼ばれる蘇我稲目《いなめ》・馬子の管轄する地域限定の戸籍の運用に関与している（『同』欽明三〇年正月辛卯条・敏達三年〈五七四〉一〇月丙申条）。

これらからすると船氏は単に文筆に優れていただけではなく、税や戸籍の数量化やその計算、さらにはこれを運用する能力をもっていたと推定される。また、蘇我氏との関係も代々にわたって深い。その一族である船史恵尺もそのような技術と関係を有していたのであろう。そしてこの恵尺の能力が国記の内容にも関連していると考えられる。

国記の諸説　では、その国記はなぜ中大兄皇子に献上されたのか。さきにふれた『新撰姓氏録』序に書かれている内容を時系列にしたがってみるとつぎのようになる。

① 允恭朝の盟神探湯《くかたち》
② 皇極朝の国記の焼失と中大兄皇子への奉献
③ 天智朝の庚午年籍《こうごねんじゃく》
④ 奈良中期の氏族志の編纂
⑤ 桓武・嵯峨朝の『新撰姓氏録』編纂

このなかで国記が登場するのは、初の全国戸籍である庚午年籍を作成した天智天皇（中大兄皇子）を顕彰するくだりである（②③）。氏姓確定における天智の功績を顕彰することによって桓武と嵯峨は自らの皇統の正当性をアピールし、同時に『新撰姓氏録』を編纂した自分たちの功績を誇示することが出来る。国記は天智系皇統による氏姓確定という功業を語るために必要であったのである（図16参照）。

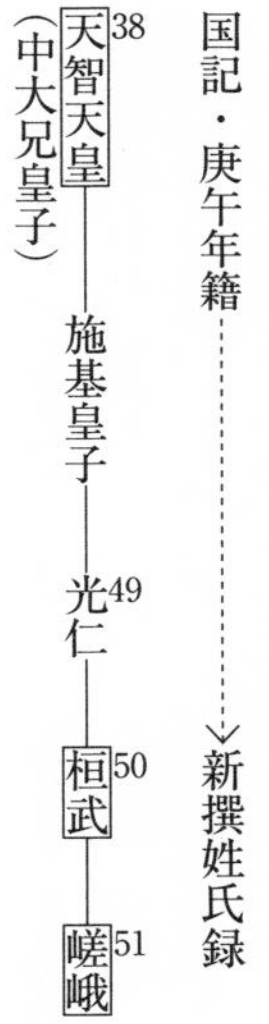

図16　天智天皇から桓武天皇・嵯峨天皇

しかし、国記については史書、地誌、戸籍、系譜、地図などさまざまな説が入り乱れている。そのなかで現在、通説となっているのが史書説である。中国の『魏書《ぎしょ》』巻七や巻六二で「国記」が編年体の史書の意味で用いられており、これをそのまま『日本書紀』の国記の理解にあてはめている。しかし、推古朝において編年体の史書が編纂されていた可能性が低いことはさきに述べたとおりである。

考えてみれば『魏書』の「国記」と『日本書紀』の国記がおなじ意味で使われていると は限らない。『日本書紀』の国記はべつの内容をもつ書物の可能性もあるのである。その国記という編纂物の内容をもっともよく示しているのはふつうに考えればさきにみた『新撰姓氏録』序と推古紀の分注「臣連伴造国造百八十部并て公民等の本記」である。

「臣連…本記」の分析

推古紀の「臣連伴造国造百八十部并て公民等の本記」という一文は国記の内容を表す第一の史料である。「臣連伴造国造百八十部」は朝廷に属する人間の総称であり、かんたんに言えば支配階級に属するすべての人ということになる。「公民」についてはそのまま当時の用語と考える必要はなく書紀編纂段階における表記とみられる。そうであれば、それは朝廷の支配下にある人民という意味になる。したがって「臣連伴造国造百八十部并て公民等」は支配階級と全人民ということになる。では、その「本記」（モトツフミ）とはいったい何を意味するのか。

これについては各氏族の天皇（大王）に対する奉事根源などを語る氏族系譜と考えられ、さきに検討した稲荷山古墳出土の鉄剣銘とおなじ性質のものであるとみられる。また、「本記」という字義や『法隆寺伽藍縁起并流記資財帳』（八世紀）の「本記、云う……」、

『日本霊異記』上巻五縁（九世紀）の「本記を案じるに曰く……」という用例から推せば根拠となる基本の記録という意味あいも認められる。

これらとはべつに『因幡国《いなばのくに》伊福部《いふくべの》臣《おみの》古志《こし》』という系譜（八世紀末ごろ）には推古天皇の時代に「『臣《おみ》連《むらじ》伴造《とものみやつこ》国造《くにのみやつこ》諸《もろもろの》民《たみの》本記《もとつふみ》』を定め賜う」という記述がある。「臣連伴造国造諸民本記」は推古紀の「臣連伴造国造百八十部并て公民等の本記」を指すとみてよい。それが「定め賜う」と記されている。そこには単純な氏族系譜ではなく、王権側が設定したというニュアンスを読みとることができるだろう。

以上、国記に関するここまでの考察をかんたんにまとめるとつぎのようになる。

○　編年体の史書ではなく氏族系譜である。
○　それは氏姓の基準となるものである。
○　徴税台帳や戸籍の作成と運用に秀でた船氏（船史恵尺）が関与している。

系譜と戸籍

このような国記が推古朝に編纂されたことにいったいどのような意味があるのか。右の三つの要素をすべて兼ねそなえるものとして、さきにみた数ある諸説のうち氏族系譜とその戸籍の要素が注目される。

そもそも原初的な戸籍は氏族集団をもとに作成されている。戸籍というと律令制にもとづいた領域編成による截然《せつぜん》とした個別人身支配のイメージが強いが、令制前は人間の集団がその把握の対象である。「戸《こへ》」は「部《べ》」に通じる語彙で〜部という氏族集団につながる。その集団のジョイントとなっていたのが氏族系譜とこれにふくまれる伝承である。戸籍における「戸《こ》」の源流は渡来人の集団であり〔岸俊男一九七三〕、このことからも戸籍と氏族系譜の関係性はうかがえる。また、初の全国的戸籍である庚午年籍（六七〇年）は五〇戸という地域による編成と氏族ごとの戸籍という二つの基準で作成されており、このような戸籍と氏族との関係性は七世紀後半にまで下る〔浅野啓介二〇〇六〕。

系譜は「権力の表現」と言われる。このことは歴史学でも文化人類学でも誰もが認めている。では、その〝権力〟の実態についてはどのように考えればよいのだろうか。権力とは具体的に言えば経済力（資金）と軍事力（暴力）であり、それは古代であれば租税と人民（兵士）ということになる。

氏族系譜はこれを集約する機能をはたしていたと考えられる。口承か文字かを問わず氏族系譜を管轄する氏上が「戸主」として支配下の部民もふくめて氏人を把握し、これが「戸口」（戸籍に登録された人民）となる。その系譜を作成、更新することが「編戸」（戸籍を作成すること）の意味あいをもつのである。系譜の戸籍的な要素がここに認められよう。

その氏族系譜は租税や労役・兵役を徴発することを考えればある程度の地域ごとにまとまっていた方が都合がよい。その基準となったのが

国記と天智天皇

国造の支配する〝クニ〟(国)である。令制前の軍隊は国造という地域の首長が統括する「国造軍」によって編成されていた。しかし、それは各地の国造の個別の権力に依存するものであり、兵力の確保には全体としてけっして好ましくない偏差があったはずである。『隋書《ずいしょ》』倭国伝には「軍尼《くに》」が一二〇余りあったと記されている。それらの〝クニ〟(国)は令制における郡・国に相当するが、そこには国造クラスの実力をもつ豪族が複数存在した。それらの豪族の系譜を統一して認定したのが「国記」であると考えられる。

さきにみた『因幡国伊福部臣古志』における「『臣連伴造国造諸民本記』を定め賜う」という表記はそれを表している。国記は中央の天皇記の権威をもとにしてこれに接続するかたちで作成された。天皇記とこれに従属する国記は王権による中央・地方の支配を強化し、租税や兵役の差発に用いられることとなったのである。

その国記を中大兄皇子に奉献することに船史恵尺の目的があった。大化改新を推進するための国勢を集約していたのが国記であり、それを中大兄皇子のものとするのである。中大兄皇子は即位して天智天皇(称制：六六一年〜、在位：六六八〜七二年)となり、初の全国的戸籍である庚午年籍(六七〇年)を作成する。国記は各地の氏族系譜に依拠していた

表２　王統譜と氏族系譜の関係

時期	王統譜［中央］	氏族系譜［地方］	（備　　考）
５・６世紀	帝　紀	各豪族の系譜	稲荷山古墳出土鉄剣など個別の形質・形態
７世紀	天皇記	国記	各豪族の系譜を集約

ためその支配体制はモザイク状であった。庚午年籍はその国記と五十戸制とを組みあわせて列島支配の一円化を目指したものである。国記（系譜）という氏族制的要素を残しているとは言え、庚午年籍は列島全域の個別人身支配をはじめて実現したものであった。

したがって国記は、それまでの氏族系譜を庚午年籍、ひいてはその後の令制戸籍に引きつぐ役割を担ったと評価できる。日本の律令制はそれまでの氏族制を基盤にして成り立っているが、それは右でみたように人民支配の面でも看取できる。そのような国記を乙巳の変という劇的な場面で中大兄皇子が獲得するというのが『日本書紀』における大化改新のストーリーなのである。

天皇記と国記の関係

このような天皇記と国記の関係は前の章で述べた帝紀と稲荷山古墳出土鉄剣銘の関係とおなじである。どちらも王統譜とそれに付属する氏族系譜という統属関係をもち、それらは相互におぎないあう意味をもつ。中央の王統譜は地方の氏族系譜を従えることによって、氏族系譜は王統譜に接続することによってお互いがその権威と権力を強化することになるのである。

それは当時の倭王権の政治体制を端的にあらわしており、のちの律令制国家における天皇と貴族の相互依存的な関係にも共通している。稲荷山古墳出土鉄剣銘と国記のちがいは鉄剣銘など各種個別の形態であった氏族系譜が一つの記録媒体に集約されたことである。この点で推古朝の支配体制は前の倭の五王の時代より強化されている。

では、そのような内容と特徴をもつ天皇記と国記がなぜ推古朝になって編纂されたのか。それには当然、理由があったはずである。帝紀・旧辞と同様に当時の国内外の政治情勢から考えてみよう。

推古朝の内外情勢

七世紀の対外情勢

七世紀に入ると朝鮮半島情勢は以前にもまして緊張の度合いを高めていた。六世紀を通じて北部の高句麗《コグリヨ》が強大化し、東部の新羅《シルラ》も勢力を拡大している。西部の百済《ペクチエ》はそれらに対抗しつつ自国の権益を保持しようとしていた。倭国はそのような状況で百済と連携して半島南部への再度の進出をねらっていた。このような朝鮮半島情勢のなかで中国北朝の隋が南朝の陳を攻略したのが西暦五八九年。日本で崇峻《すしゆん》天皇が即位した翌年である。その後、隋は国境を接する高句麗の攻略を目指して三度の遠征をおこなう（六一一・六一三・六一四年）。崇峻朝から推古朝にかけて半島北部から遼東《りようとう》半島付近はとくに緊張の度合いが高かった。

いっぽう、朝鮮半島南部の情勢も隋・高句麗の対立・交戦と連動して複雑化していた。

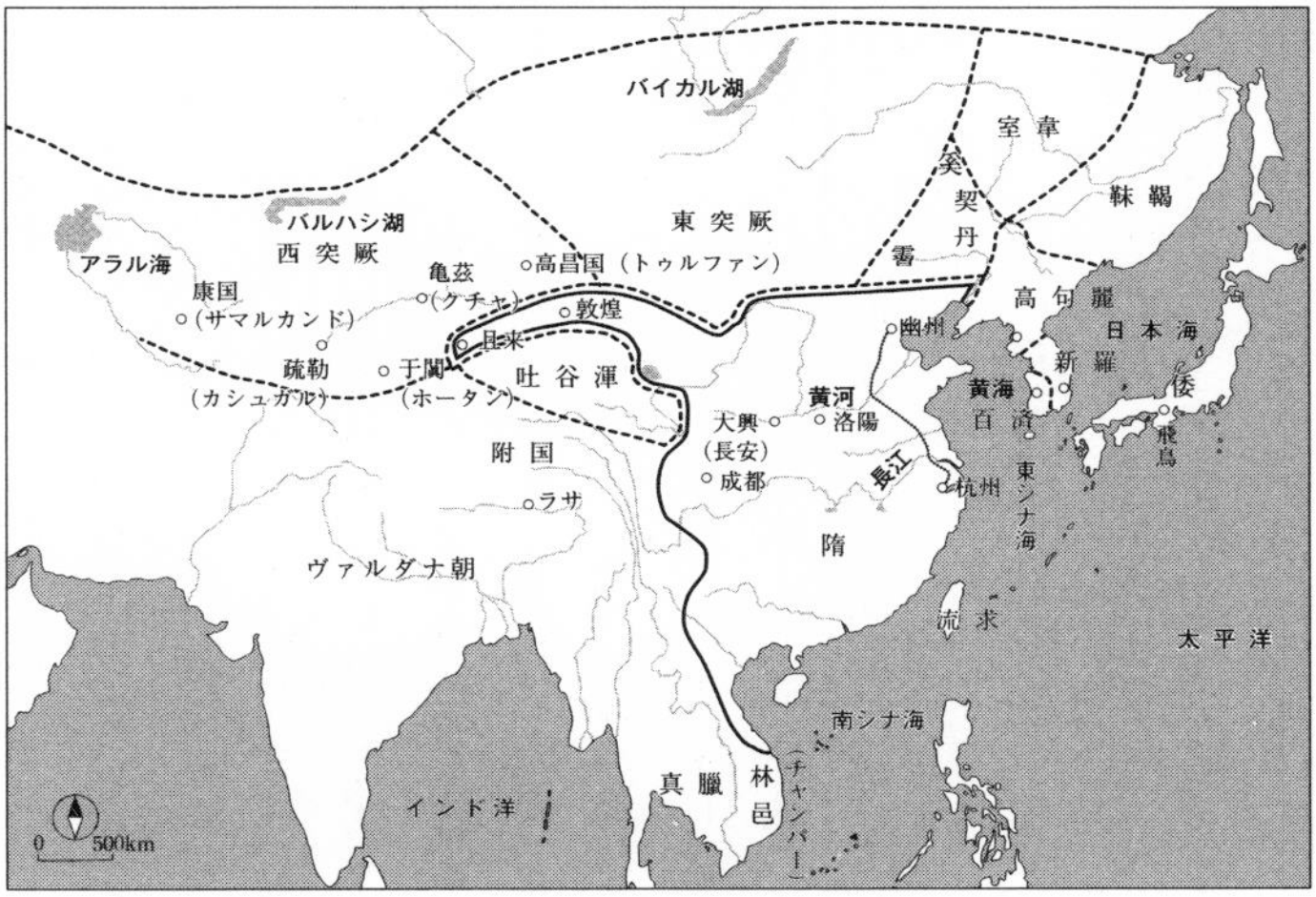

図17　七世紀初頭の東アジア（氣賀澤保規編『遣隋使がみた風景』八木書店，2012年より）

六世紀後半に新羅が領土化した伽耶《かや》地域に対して百済は一貫してその獲得を目指していて両国の対立は激しさを増している。伽耶はもともと倭国の影響下にあった地域である。それが五六二年に新羅に併合され、それ以降、新羅・百済、そして倭国による三国の争奪戦がくり広げられていた。

倭国の徴兵システム

倭国は百済とむすんで新羅と戦い、伽耶地域を奪還することを目指した。そのために六世紀末から七世紀初頭にかけて三度にわたり新羅征討を計画している。

一回目は五九一～九五年。紀男麻呂《きのおまろ》、巨勢猿臣《こせのさるおみ》、大伴嚙《おおとものくい》ら有力豪族を大将軍

として軍勢を筑紫《つくし》（福岡県）にまで派遣した。その数二万。いっぽうで同時に使者を新羅に派遣しており、その外交上の処理が実をむすんだためこの遠征軍が対馬海峡を渡ることはなかった。しかし、その駐留は足かけ五年にも及ぶ。倭国が朝鮮情勢をいかに重視していたかが分かるだろう。この間に蘇我馬子が崇峻天皇を暗殺しているが（五九二年）、その原因についても対外政策の対立とする説がある。その後、即位したのが推古である。

二回目は六〇〇年。第一回の遣隋使を派遣した年である。倭国は境部臣《さかいべのおみ》（その名は未詳）を大将軍、穂積臣《ほづみのおみ》（同前）を副将軍に任命して今度は一万の軍勢をおなじく筑紫に派遣した。この軍勢は実際に朝鮮半島に上陸して新羅と交戦している。倭国軍が五つの城を攻略したところで新羅が和平を申し込み、毎年の「調《みつき》」（貢物）を奉進することでいちおうの決着がついた。倭国は伽耶地域の権益を取り戻したかにみえた。しかし、倭国軍が撤収すると新羅はふたたび伽耶地域に攻撃をしかけた。さきの妥結は一時しのぎに過ぎなかったのである。

これに対応したのが三回目の六〇二～〇三年の計画である。倭国は高句麗・百済との連携のもと、厩戸皇子の実弟・来目皇子《くめのおうじ》を撃新羅将軍に任命し二万五千の大軍をやはり筑紫に進めた。ところが来目皇子は現地で病死。かわっておなじ厩戸皇子の弟・当麻皇子《たぎまのおうじ》が後任となったが愛妻の死により飛鳥に戻ってきてしまう。そのためこの計画自体も中止となった。

実際に戦闘を交えたのは一回のみだが兵士自体は毎回、万を超える数で三度も招集されている。これ以前にも倭国の勢力圏である伽耶を維持するためその守備兵が派遣されているがそれは数百から数千程度である。もちろん守備兵と遠征軍には自ずからその数に差があるが倭国はここにきて一気に十倍以上の徴兵体制を整えていることになる。

さきの「二万」「一万」「二万五千」という数が実数であるかどうかは疑わしいが、相対的にみて以前の数倍から一〇倍にも達しようとする兵数を複数回にわたって集めたことは認めてよいだろう。

そのような兵士の差発を担ったのは各地の国造であった。では、前代とはことなる桁《けた》ちがいの徴兵を可能にしたシステムは何であったのか。さきの三度にわたる朝鮮半島への出兵計画は崇峻朝から推古朝にかけての連続した対外政策であるが、同時期にはそれに耐えうる氏族系譜が各地で整えられていたことになる。国記はこれを中央で集約する氏族系譜の台帳として作成されたのである。

蘇我氏の台頭

いっぽうこの時期に国内で権力を獲得したのは蘇我氏であった。その系図をかかげると左のようになる。

建内宿禰―蘇我石河―満智―韓子―高麗―稲目―馬子―蝦夷―入鹿

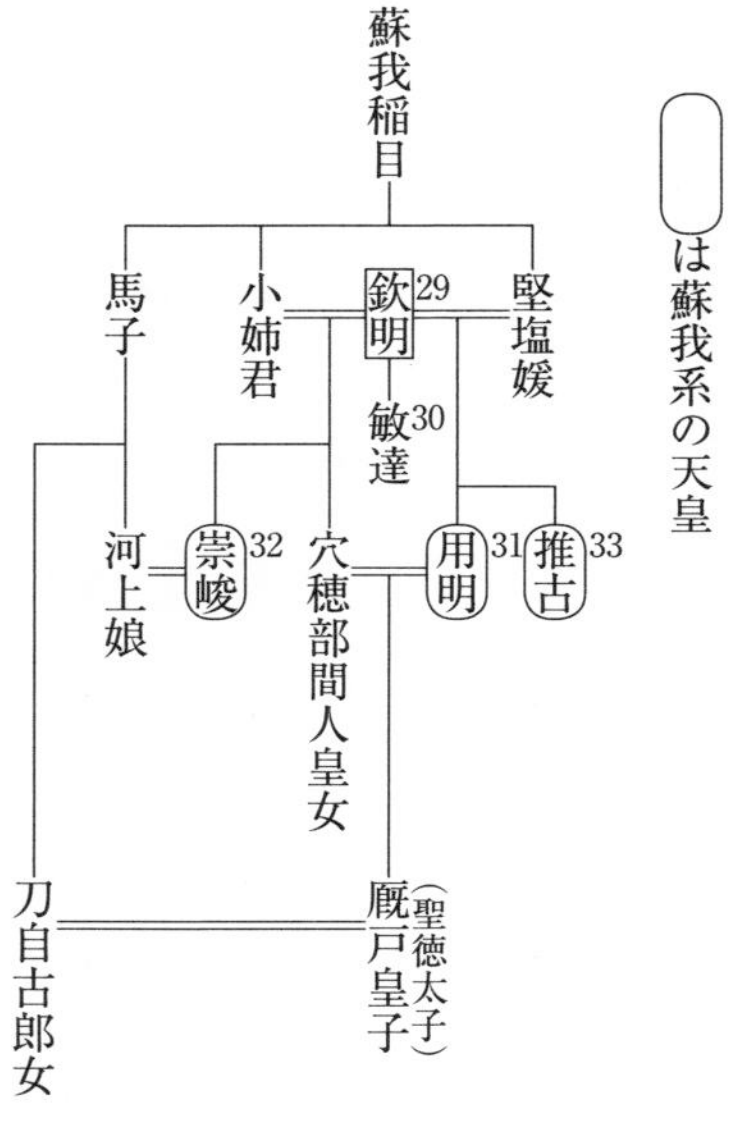

図18　蘇我氏と欽明王統

葛城氏と同様に伝説の建内宿禰を祖として「石河」が蘇我氏の始祖となる。その後の「満智《まち》」「韓《から》子《こ》」「高麗《こま》」までの四人はおそらく系譜上の架空の人物で稲目が蘇我氏の実質的な祖となる。稲目は欽明天皇に仕えて功績があり、その子女である堅塩媛《きたしひめ》と小姉君《おあねのきみ》は欽明の王妃となって用明・推古・崇峻の各天皇を生んでいる（図18）。

前の章でみた『日本書紀』欽明天皇二年三月条には蘇我氏に特化された「帝王本紀」が引用されており、王権内におけるその勢力がうかがえる。また、稲目の子・堅塩媛を母にもつ推古天皇は「朕は蘇何《そが》より出でたり」とみずから言っており（『日本書紀』推古天皇三二年〈六二四〉一〇月癸卯条）、王家を支える良臣として蘇我氏を「日向の駒《こま》」（立派な馬）・「呉《くれ》の真刀」（優れた刀）にたとえて讃えている（『同』二〇年〈六一二〉正月丁亥条）。

蘇我氏の帝紀

蘇我氏は姻戚関係でもって大王家に入り込み、その政治的実力でもって政権を掌握した。さきの推古の言葉をみても大王自身が蘇我氏と近い関係にあることを認識している。欽明朝以降に世襲王権を確立した大王家であったが、それと同時に蘇我氏という新たな成員を迎え入れることになったのである。

欽明王家への奉仕と婚姻をもとにその実力によって大王家に同化した蘇我氏は自分の氏族を中心とした帝紀の編纂作業を企画した。律令にもとづく官人制、位階制・蔭位《おんい》制の発足以前であれば、自身の権力を確立するためにはこれを系譜に構造化するのがもっとも有効である。そのためには大王家の系譜である帝紀から前代の権力を排除しつつ、蘇我氏の存在を意識的に組み込まなければならなかった。これが天皇記として結実するのである。

天皇記が神代史を記述することは前に述べたが、右のような理解からその収録範囲の下限は蘇我氏をふくむ推古朝までの系譜であったと考えられる。ふつう歴史書は前の時代までを記述するものだが天皇記はちがった。時代は下るが桓武天皇は自身の在位中に『続日本紀』を完成させており、同時代に歴史的な正当性をアピールする史書はその後も実例がある。

欽明朝以降に有力豪族としての地位を確立した蘇我氏にとってはできるだけ新しい系譜を織り込むことが自氏にとって利益をより多くもたらすことになるのである。

このような国内外の政治情勢をうけて、これに対応した推古朝の政治権力が天皇記と国記を誕生させた。

従来、国記は編年体の史書ととらえるのが一般的であったが当時においてその作成は技術的に困難であったと考えられる。むしろ、「臣連伴造国造百八十部并て公民等の本記」という注記や『新撰姓氏録』序から考えると国記は氏族系譜とみてよい。天皇記と国記は従来の帝紀と氏族系譜の関係を時代に合わせてバージョンアップさせたものであり、推古朝における内外政の根幹となるものであった。

舒明朝への展開

しかしその後、隋から唐への王朝交代（六一八～二八年）が起こったことによって対外情勢はより緊迫していく。これに対する倭国の国内情勢は大王位の継承と蘇我氏の勢力拡大という二つの流れのなかで推移しており、これに対する各豪族のスタンスがその時々の政治情況を決定していた。倭国の国内情勢は非常に流動的であり、これを克服しようとしたのが乙巳の変にはじまる大化改新ということになる。

そのような歴史の推移のなかで軽皇子（孝徳天皇）や中大兄皇子よりも前に蘇我氏に対抗した王族がいた。厩戸皇子の子・山背大兄王《やましろのおおえのおう》である。山背大兄王を中心とする上宮王《じょうぐう》家は厩戸亡きあと政治権力を蘇我氏に奪われ、その勢力の挽回に必死であった。蘇我氏の権力の源泉は婚姻を通じて大王家と同化しつつあることにあり、それは天皇記という史書によって歴史的に構造化されている。

目の前で起こっている政治情勢への対応にくわえて、上宮王家としては蘇我氏の影響が強い天皇記を凌駕するあらたな史書（系譜）の編纂を企図した。それはたんなる文化や学術の分野における対抗措置ではない。尊崇をあつめていた厩戸皇子を起点として自家の歴史的な権威と正当性を再確立する政治行動である。

そこで上宮王家によって編纂されたのが『上宮記』であった。

上宮王家の『上宮記』

七世紀前半の史書

『上宮記』の逸文

『上宮記』概説

帝紀・旧辞、天皇記・国記とおなじように『上宮記《じょうぐうき》』は現存しない。その書名から「上宮太子《じょうぐうたいし》」とも言われる廐戸皇子《うまやどのおうじ》とその一族の上宮王家と関係があることはたしかだが、詳細はよく分からない。そのため漠然と古代の史書と理解されるのが普通で、せいぜい〈聖徳太子〉によるもの、帝紀・旧辞の一種などといった見解がみられる程度である。また、同書を『日本書紀』の講書のなかから生み出された〝偽書〟とみる研究もあり、その成立も七世紀前半から平安前期まで諸説ある。なお、これら先行研究の到達点として生田敦司氏の論考をあげておきたい〔生田敦司二〇〇〇〕。また『上宮記』は帝紀や天皇記・国記とちがって『日本書紀』にその名が見えない。このことは以前から疑問とされており、それがもう一つの原因となって同書は「史書」史のなかでの位置づけがむずかしかった。『上宮記』はいわば孤立した史書だったのである。しかし、幸いなことにいくつかの史料にその逸文が残っている。

とくに鎌倉時代の『釈日本紀《しやくにほんぎ》』に引用される『上宮記』一云の継体天皇に関する系譜は四世紀から五世紀の王権を考える史料としてこれまで多くの分析がなされてきた。おなじく鎌倉時代の『聖徳太子平氏伝雑勘文《ぞうかんもん》』という史料にも『上宮記』下巻「注云」として上宮王家の系譜が記載されている。また、あまり知られていないが室町時代にも『上宮記』に言及する『太子伝玉林抄《たいしでんぎょくりんしょう》』という聖徳太子関係の書物がある。この章ではこれらの史料を使って謎の多い『上宮記』の実体に迫ってみたい。

巻数と「作者」

『上宮記』の巻数と作者を示すのが『聖徳太子平氏伝雑勘文』である。同書について簡単に説明したい。厩戸皇子はその死の直後から聖人化されて〈聖徳太子〉として転生していく。その聖人としての〈聖徳太子〉に関するさまざまなエピソード（当然、史実でないものもふくむ）を集めたものが「聖徳太子伝」、またはたんに「太子伝」と呼ばれるもので、奈良時代以降に数多く作成されている。

その一つに『聖徳太子伝暦《でんりやく》』がある。一〇世紀以前の太子伝を集成したもので、藤原《ふじわらの》兼輔《かねすけ》（八七七〜九三三）が延喜一七年（九一七）に著したとされる。以後の聖徳太子信仰の基盤となるもっとも有名な聖徳太子伝である。そのなかに「平氏撰」という撰者を示すと思われる一文があり、そのため同書は別名を『平氏伝』、または『聖徳太子平氏伝』という。「平氏撰」については藤原兼輔が参照したそれ以前の太子伝の一節がそのまま残ったものかとも思われるが、くわしくは分からない。

その『聖徳太子伝暦』、別名『聖徳太子平氏伝』の注釈書が『聖徳太子平氏伝雑勘文』である。〈聖徳太子〉ゆかりの橘《たちばな》寺の法空が正和三年（一三一四）に著したもので、書名につづいて付された「雑勘文」とはその内容に関していろいろ考えた文という意味である。上・下巻がそれぞれ三巻で構成されているので計六巻。その下巻の三に法空自身によるつぎのような一文がある。

上宮記三巻は太子の御作なり。もっとも之を秘蔵すべく、仁和寺殿の平等院の経蔵に之あり。関白の御本をもって書き了《お》わんぬ。云々《うんぬん》と。ただし、注は後人の撰。云々と。

これによれば、鎌倉時代後期には〈聖徳太子〉作とされた『上宮記』全三巻が平等院の倉庫に秘蔵されていたことが分かる。法空はべつに「関白の御本」（この関白が誰を指すのかは未詳。一三一四年時点の関白は近衛家平）である『上宮記』を書写した。ただし、これに付されている「注」は〈聖徳太子〉によるものではなく、のちの人の追記であるとしている。

もちろんこの史料自体が太子信仰を前提としたものであり、その意味で疑ってみる必要はある。とくに〈聖徳太子〉作という部分はそのまま受けとることはできない。しかし、現物の所在に言及してその筆写をおこなったとする右の記述には信憑性があり、その事実関係を否定することはできないであろう。その内容や実体はともかく、『上宮記』全三巻は中世においてたしかに存在していたのである。

『上宮記』一云

つぎに『上宮記』の具体的な文章が残る『上宮記』一云について。

『上宮記』一云は『釈日本紀』述義九に収録されている。『釈日本紀』は鎌倉時代後期に卜部兼方《うらべのかねかた》（生没年不詳）によって著された『日本書紀』の注釈書で全二八巻。現在散逸してしまっている古代・中世の諸史料を用いて『日本書紀』の注釈をおこなっており、その意味でとても貴重な文献である。その一部に『上宮記』の逸文が引用されている。

「上宮記曰。一云。……」ではじまる引用文は継体《けいたい》天皇に関する以下のような系譜と生い立ちの物語である。なお、原文は人名を中心に非常に難解なので「巻末史料」として本書末尾に付載し、ここでは趣意文を示すことにしたい。

A　凡牟都和希王《ほむつわけおう》［応神《おうじん》天皇］は弟比売麻和加《おとひめまわか》を娶って若野毛二俣王《わかのけふたまたおう》が生まれ、その子を大郎子《おおいらつこ》、別名を意富々等王《おほほとおう》という。意富々等王は中斯知命《なかしちのみこと》を娶って乎非王《おひおう》が生まれ、その乎非王の子が汙斯王《うしおう》である。

B　伊久牟尼利比古大王《いくむにりひこのおおきみ》［垂仁天皇《すいにん》］の子が伊波都久和希《いはつくわけ》、その子が伊波智和希《いはちわけ》、その子が伊波己里和気《いはこりわけ》、その子が麻和加介《まわかけ》、その子が阿加波智君《あかはちのきみ》、その子が乎波智君《おはちのきみ》で、その乎波智君が阿那爾比弥《あなにひめ》を娶って生まれた子が布利比弥命《ふりひめのみこと》である。

C　汗斯王が弥乎国《みおのくに》（近江《おうみ》）の高嶋宮にいたとき、布利比売命という絶世の美女がいると聞いて三国《みくに》の坂井県《さかいのあがた》（越前《えちぜん》）に人を遣してこれを娶った。その汗斯王と布利比売命のあいだに生まれた子が乎富等大公王《おほとのおおきみ》［継体天皇］である。汗斯王の死後、布利比売命は「親族のいない土地では子を育てることはできない」と言ってわが子（継体）を連れて三国に帰り、多加牟久《たかむく》村に住んだ。

Aが継体天皇の父である汗斯王の系譜、Bは母の布利比売の系譜である。これらを結んで継体の出自が語られ、Cは父の死後に継体が母の地元の越前（福井県）で育てられたことを説明している。

「一云」の史料性

この『上宮記』一云については『日本書紀』で省略されている天皇系譜を考える史料として種々の考察が加えられている。それらを参照しつつ、まずは『上宮記』一云の史料としての基本的な性格を確認してみたい〔水谷千秋一九九九〕。

最初に文章の書き出しが「上宮記曰。一云。」であることに注意したい。『上宮記』に

「一云」という異伝が収録されており、それを『釈日本紀』が引用しているのである。すなわち『上宮記』本文はこれとはべつにあり、「一云」はその補考のために付加されたものなのである。その「一云」が右にみたように継体天皇の系譜であることから『上宮記』本文にもおなじく継体の系譜があったとみてよい。『上宮記』は王統譜を収録する帝紀であり、このことは同書の基本的な性格としてまず押さえておくべきである。

また、右の「一云」系譜は原文が三〇〇字程度ながらも用字が一定しない。A「王」・B「大王」・C「大公王」などのちの天皇にあたる人物の呼称もバラバラである。このことから「一云」は複数の文献資料をもとにして作成されていると推測される。また、さきのような種々の「天皇」呼称は「一云」の時点で天皇号が成立していなかったこともあわせて示していよう。

さきにかかげたのは趣意文だが原文（巻末史料）の仮名遣いについては推古朝のものと一致するのが多く、藤原宮出土木簡の分析などから「一云」ひいては『上宮記』の成立も推古朝から大化前代とするのが通説である（黛弘道一九八二）。一部の仮名遣いの時代性や語句表記からこれを否定する向きもあるが、系譜全般の古様性はこれを上回る史料全体の特徴として認められる。さきの仮名遣いなどは後世における引用や転写の際の誤写や書きかえとみるのが妥当であろう。

『上宮記』下巻「注云」

つぎに『聖徳太子平氏伝雑勘文』に引用される『上宮記』下巻「注云」について。さきにその所在と巻数を示す史料としてみた同書だが、下巻の三に「大宮太子御子孫《たいぐうたいしのおんしそん》并《ならびに》妃《きさき》等事《などのこと》」という項目があり、そこに「上宮記下巻注云。」として〈聖徳太子〉の系譜が収録されている。実際には系線を付された図19（一一八〜一一九頁）のような横系図である。

この系図をよくみると返り点が付されたままであり、文章系譜である原文を「系図」に加工していることが分かる。したがって、『上宮記』下巻の三にはつぎのような文章系譜が本文の「注」として記載されていたと思われる。

法大王《のりのおおきみ》〔厩戸皇子〕、食部加多夫古臣《かしわでのかたぶこのおみ》の女子、名は菩支々弥女郎《ほききめのいらつめ》を娶りて生める児は春米女王《つきしめのみこ》、巳乃斯重王、久波侈女王、波等利女王、三枝王、兄伊等斯古王・弟麻里古王、次に馬屋女王。合せて七王なり（筆者注。正しくは「八王」）。巷宜汙麻古《そがのうまこ》〔蘇我馬子〕大臣の女子、名は刀自古郎女《とじこのいらつめ》を娶りて生める児は山尻王《やましろのみこ》〔山背大兄王〕、財王、俾支王、片岡王。四王なり。乎波利王の女、名は韋那部橋王を娶りて生める児は白髪部王、手嶋女王。二王なり。

尻大王《しろのおおきみ》〔山背大兄王〕、その（異母）妹・春米王《つきしめのひめみこ》を娶りて生める児は難波王、麻里古王、弓削王、作々女王、加布加王、乎波利王。合せて六王なり。（以下、略）

全文は巻末史料にかかげるが、この後には厩戸皇子の諸子の子・孫が合計三〇名ほど記される。この注はじつに壮大な上宮王家の系譜なのである。

系譜の冒頭に記される「法大王《のりのおおきみ》」が〈聖徳太子〉と呼ばれる厩戸皇子である。この場合の「法」は仏教の教えのことで「法大王」とは仏教を信仰した偉大な王という意味になる。ここで注意したいのは、右の系譜は〈聖徳太子〉自身に向かうものではなく、これを起点としたその子女に関するものであるということである。つまりこの系譜が権威づけしようとしているのは厩戸皇子ではなくその子女たちなのである。

「注云」の成立年代

また、それらのなかで山背大兄王のみが「尻大王」と特別あつかいされていることも注目される（傍線部）。この系譜で「大王」と記されているのは〈聖徳太子〉と山背大兄王の二人のみである。そこには両者を軸とする上宮王家を称揚する意図がみられる。この点は右の史料を理解するうえで注意すべきであろう。

また、その表記法に注目するとさきにみた「一云」系譜とよく似ている。両者はおおよそつぎのような簡潔な形式である。

○○、娶二△△一、生児□□、妹××、弟＊＊……（「一云」系譜）

○○、娶二△△一、生児□□、××、＊＊……。合◎王也。（「注云」系譜）

図19 『上宮記』下巻「注云」の〝系図〟

- 法大王
  - 娶二食部加多夫古臣女子名菩支々弥女郎一生児
    - 春米女王
    - 己乃斯重王
    - 久波侈女王
    - 波等利女王
    - 三枝王
    - 兄伊等斯古王
    - 弟麻里古王
    - 次馬屋女王　合七王也、
  - 娶二巷宜汗麻古大臣女子名刀自古郎女一生児
    - 山尻王
    - 財　王
    - 俾支王
    - 片岡王　四王也、
  - 娶二乎波利王女名韋那部橘王一生児
    - 白髪部王
    - 手嶋女王　二王也、
  - 難波王

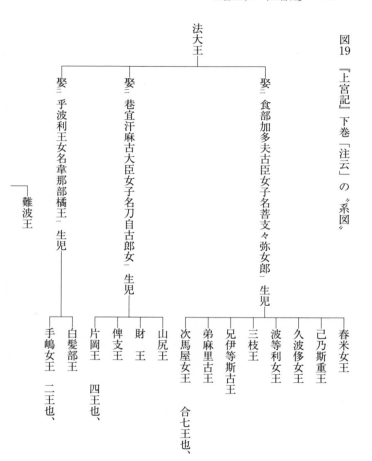

尻大王―娶二其妹春米王一生児
├麻里古王
├弓削王
├作々女王
├加布加王
└乎波利王　合六王也、

これに対し、『日本書紀』編纂時にその資料として用いられた「譜第」「帝王本紀」は、

○○、娶二△△一、生二◎男◎女一、其一曰二□□一、其二曰二××一、……

というように数詞が用いられ、その序列を明確化しようとする意図がうかがえる（傍線部）。この二つの『上宮記』系譜と書紀所収の「譜第」「帝王本紀」系譜とを比較すると、『上宮記』系譜の方がより直接的で古い印象を受ける。このような系譜様式に通じるのは、

○○、其児□□、其児××、其児＊＊……

とつづける稲荷山《いなりやま》古墳出土鉄剣銘である（本書三一一頁）。

また、おなじく『上宮記』下巻「注云」にみえる「巷宜汗麻古《そがのうまこ》」（蘇我馬子）という表記は推古朝遺文とされる「元興寺《がんごうじ》塔露盤銘」と共通するものであり、これも比較的古い表記法である。「注云」以下が『上宮記』成立以後の追筆であり、しかもそれが右のような

古い時代性をもつのであれば、『上宮記』の成立はやはり通説どおり七世紀前半ごろと考えてよいだろう。

『上宮記』と記・紀の関係

『上宮記』の仮名遣い

プロローグで紹介した『日本書紀私記』は奈良時代から平安時代にかけて実施された『日本書紀』の講書《こうしょ》の記録である。甲本・乙本・丙本・丁本の四種が伝わっており、乙本・丙本は不明だが、甲本は弘仁度（八一二〜一三年）、丁本は承平度（九三六〜四三年）の講書のものと考えられている。ここで取り上げる丁本は、その他の甲本・乙本・丙本が基本的に語句の訓を列記するものであるのに対して、講書における実際の質疑応答を記録する貴重なものである。そこには矢田部公望《やたべのきんもち》によるつぎのような一文がある（新訂増補国史大系本一九一頁）。

上宮記の仮名はすでに旧事本紀の前にあり。古事記の仮名はまた此書《このしょ》の前にあり。

この文の前半において『上宮記』の仮名は『先代旧事本紀《せんだいくじほんぎ》』に先行し、つづく後半では

『古事記』の仮名は「此書《このしょ》」よりも前にあったと述べられている。「此書」とは講書の対象である『日本書紀』のことで『古事記』の仮名が『日本書紀』に先行していると述べているのである。『先代旧事本紀』より『上宮記』のほうが前、『日本書紀』より『古事記』のほうが先、ということである。

周知のように『先代旧事本紀』は九世紀に作成された〝偽書〟（擬古文献）だが、当時の認識では「記紀」に先行する推古朝の史書である。そうするとこれら四つの史書の前後関係はつぎのようになる。

『上宮記』→『先代旧事本紀』→『古事記』→『日本書紀』

つまり、承平度の講書では『上宮記』は『先代旧事本紀』や『古事記』『日本書紀』よりも古い仮名をもつとされている。講書において名前のあげられている右の諸書はその場に実際にあり、それぞれの文章は比較できたはずである。そのような状況において『上宮記』の仮名がもっとも古いと認識されているということはさきに推定した同書の成立時期が誤っていないことを物語る。

〝偽書〟の『先代旧事本紀』はひとまず措くとしても、ここではとくに『古事記』と『上宮記』との前後関係に注目したい。両書の関係性については、おなじ原資料から分かれて派生した、『上宮記』から誤写を経て『古事記』が成立した、という二つの仮説があり、いずれにしても『上宮記』が『古事記』をもとに記事を作成した根拠はほとんどないとされる〔前掲黛一九八二〕。

さきの承平講書での理解とあわせると『上宮記』が『古事記』より前に存在していたことは確実と言えそうである。そうであれば『古事記』にはない年紀が『上宮記』に記されていたとは考えにくい。この点は同時期の帝紀である天皇記とおなじである。

『上宮記』と『古事記』『日本書紀』とを比較した場合、どのようなちがいが見出せるであろうか。このちがいを考えることによって『上宮記』の史書としての性格を考えてみたい。

記・紀との比較

まず、『古事記』と比較してみよう。じつは『古事記』は継体天皇の母系をまったく語らない。その系譜部分は巻末史料にかかげるが、これに対して『上宮記』一云は先にみたように母系をしっかり記載している。この点で両書はとても対照的である。継体段に関する比較のみにはなるが『上宮記』は『古事記』とはことなる位置にある史書と言えそうである。

つぎに『日本書紀』について。継体即位前紀はこの「一云」系譜を収録する『上宮記』を参照しているとされるが『日本書紀』に「上宮記」という書名は出てこない。『日本書紀』の該当する部分を掲げてそのちがいをみてみよう。

男大迹天皇《おおどのすめらみこと》［継体］は誉田天皇《ほんだのすめらみこと》［応神］の五世の孫、彦主人王《ひこうしおう》の子なり。母を振《ふり》姫《ひめ》と曰《もう》す。振姫は活目天皇《いくめのすめらみこと》［垂仁］の七世の孫なり。

「彦主人王」が汙斯王《うしおう》で、「振姫」は布利比売《ふりひめ》である。『上宮記』一云と『日本書紀』継体即位前紀がことなるのは応神から継体にいたるその間の系譜である。『日本書紀』では若野毛二俣王《わかのけふたまたおう》・意富々等王《おほほとおう》・乎非王《おひおう》という三代の名がなく、継体天皇は応神天皇「五世の孫」の彦主人王の子として語られる。この系譜の後にはさきに紹介した継体天皇の生い立ちの物語がほぼおなじ内容で記されている。

この系譜の省略については単純な編纂方針による、疎遠な血統からの即位が印象づけられることをさけた、付属する「系図一巻」にその内容が記されているので省いた、という諸説がある。『日本書紀』が『上宮記』を参照したということを前提とすれば右のような推測はあるいは妥当かもしれない。

しかし、「譜第」（顕宗即位前紀）・「帝王本紀」（欽明天皇二年三月条）など、典拠とした資料名を付記する『日本書紀』の他の条文からすれば「上宮記」という名が見えないことはやはり不審である。あるいは『日本書紀』は『上宮記』を参照していないのではないか。二つの文章が似通っているのは両書がおなじ資料を用いて編纂されたためと考えてもおかしくはない。

また、下巻注云系譜では廐戸皇子の第一の妃は食部加多夫古臣《かしわでのかたぶこのおみ》の女《むすめ》・菩岐々弥女郎《ぼききのいらつめ》であり、第二が蘇我馬子の女・刀自古郎女《とじこのいらつめ》である。おなじく蘇我氏出身の妃を二番目以降に記述する記録としては〈聖徳太子〉系の帝紀である『上宮聖徳法王帝説』がある。この二つの系譜では蘇我氏が後退させられているという共通点がある。書名から言って当然であるが『上宮記』は〈聖徳太子〉系であると同時に非蘇我系の帝紀なのである。『上宮記』は天皇記とは対極の位置にある史書であると言えよう。

そして『日本書紀私記』丁本には『上宮記』の内容が推測できるつぎのような議論が記録されている（一九七頁）。

「浮漂」の訓

問う。「浮漂」の義。古事記によれば「久良介奈須太ゝ与倍留《くらけなすたたよへり》」と読むべきことなり。しかるに字の如く読まるや如何《いかん》。

師、説く。古事記のごとく読むべきを然《しか》りとするなり。また仮名日本紀、大和本紀［大倭本紀］、上宮記などの意もまた同じ。

右は『日本書紀』第一巻（神代上）にある「浮漂」の訓読に対する質疑応答で、受講生からの問いは「『古事記』によれば「クラゲナスタダヨエリ」と読むことになっていますがそれで良いのですか」というものである。

これに対する「師」、すなわち文章博士・矢田部公望は「『古事記』のとおりでよい。

『仮名日本紀』や『大倭本紀』、『上宮記』もまたおなじである」と答えている。『上宮記』には「記紀」と同様に「浮漂」という字句をふくむ文章があったことが分かる。

また同書のべつな箇所においても、おなじく書紀・第一巻にある「漂蕩」についてこれをどのように読むのか、という問いが立てられている

「漂蕩」の訓

(二〇〇頁)。

問う。此の一書の文、すでに古事記に引かる。然《しか》らばすなわち「漂蕩」の文を「久《く》良《ら》介《け》奈《な》須《す》太《た》丶《た》与《よ》倍《へ》利《り》」と読むべきなり。しこうして、ただ「多《た》丶《た》与《よ》倍《へ》利《り》」と読まる。その由《よし》は如何《いかん》。

師、説く。古事記・上宮記・大和本紀など、みな「久良介奈須太丶与倍利」と。云丶《うんぬん》。然らばすなわち、その説を先となす。「多《た》丶《た》与《よ》倍《へ》利《り》」と云うを後の説となすべきなり。

「漂蕩」は『古事記』にも引用されていて「クラゲナスタダヨエリ」と読むべきですが、たんに「タダヨエリ」とも読まれています。その根拠は何でしょうか。という問いに対して、公望先生は『古事記』や『上宮記』『大倭本紀』などはみな「クラゲナスタダヨエリ」と読んでいるのでこの説が先である。「タダヨエリ」は後の説である。と答えている。『日本書紀私記』丁本に記される問答は受講者の質問が鋭いわりには講師である矢田部公望の回答がいつも要領を得ないような気がする。しかし、受講者は先生に対する気遣い

があったのか、それとも反問が許されないような雰囲気であったのか、それ以上の追究は基本的にしない。はたして質問した受講生は納得できたであろうか。

いずれにせよ、『上宮記』はここでも「記紀」に共通する神代史を語り、その読みの典拠となっている。

「国常立尊」の議論

さらに、『日本書紀私記』丁本のべつの箇所では「国常立尊《くにとこたちのみこと》」の名の由来について議論されており、ここにも『上宮記』が登場する

> 問う。此の神の御名［国常立尊］、誰《たれ》の人が始めて称すか。また、もしくは拠る所ありて号となすか。
>
> 師、説く。仮名日本紀・上宮記ならびに諸《もろもろの》古書、みな此の号あり。ただし、始めて称する人、所見なし。上古の間、拠りて勘《かんが》える由《よし》なし。

（一九八頁）。

「国常立尊」という神の名は誰が最初に言ったのですか。または、何か由来があってその名になったのでしょうか。という問いに対する公望先生の答えは、『仮名日本紀』『上宮記』や諸々の「古書」には皆この神号があるがはじめにこれに言及した人については分からない。とおい昔のことなのでその名の根拠を考える手立てはない、というものである。

ここでの「誰の人が始めて称すか」という問いは、誰が国常立尊という神を最初に言い

出したのですか、という意味ではないだろう。この文は、この神が記されているもっとも古い文献は誰によって書かれたものですか、という意味に受けとればいい。この疑問に対する公望先生の回答は右でみたようにいつもどおり要領を得ない。

記・紀と『上宮記』

最初に取り上げた「浮漂」は『日本書紀』神代上、すなわち第一巻の冒頭に出てくる。その話のはじまりはこうである。原文を引用するのは繁雑なので現代語訳でみてみよう。

むかし、天地はいまだ分かれず、陰も陽もなかった。やがて清く明るい部分は天となり、重く濁った部分は地となった。その後、そのなかから神が生まれた。天地が開けはじめるときには洲や島が浮かんで漂っており、それはちょうど泳ぐ魚が水に浮いているようなものであった。

これが「浮漂」の登場する文脈である。その後、内容が微妙に重複しつつ、神の誕生についてくわしく語られる。これが「国常立尊」の登場する文脈である。

そのとき、天と地との間に一つの物体が生まれた。その形は葦《あし》の芽のようであり、これが国常立尊という神になった。

「漂蕩」はこの本文のくだりの異説として『日本書紀』に収められており、同じ段の第2の「一書」においてつぎのように語られる。

むかし、国も土地も若く幼かったとき、それはちょうど水に浮かんでいる脂のように
ゆらゆらと漂っていた。

「蕩」という字はうごく、ほしいまま、とろける、と読んで、ただよう、ゆれうごく、ほしいままにする、などの意味がある。ここではゆらゆらと、とした。

『上宮記』でも基本的にはおなじ文脈で「浮漂」「漂蕩」、「国常立尊」が使われていたと思われる。そうでなければこの三つの語を取りあげた講書の議論が不自然である。したがって『上宮記』には「記紀」とおなじような国土創成の神話があり、それにともなう和訓も備わっていたことになる。そしてそれは『古事記』の訓読を保証するくらい信頼できるものだったのである。また、右の『日本書紀』とおなじ文脈で「浮漂」「漂蕩」が用いられていたとすると『上宮記』にも書紀と同様に異説の併記があった可能性がある。

ここで『上宮記』が『古事記』以上の評価をうけていたプロローグが思い出される。『上宮記』は「記紀」の神話と非常に近い内容とレベルをもっていた史書なのである。

『上宮記』の関連史料

「或書」

『天寿国《てんじゅこく》曼荼羅《まんだら》繍帳《しゅうちょう》縁起《えんぎ》勘点文《かんてんぶん》』という史料がある。卜部兼文《うらべのかねふみ》（『釈日本紀』の作者・兼方の父。生没年不詳）が法隆寺にある天寿国繍帳の銘文を読解するために諸書から関係記事を引用して訓点を施したもので、文永一一年（一二七四）頃に作成されている。そこには、『上宮記』の逸文と言われる「或書《あるしょ》」の一文がおさめられている。「斯帰嶋宮《しきしまのみや》に天下治《あめのしたしろしめ》す天国押波流岐廣庭命《あまくにおしひらきひろにわのみこと》〔欽明天皇〕……」で始まる引用文はつぎのようになっている〔飯田瑞穂二〇〇〇〕。

法大王《のりのおおきみ》、食部加多夫古臣《かしわでのかたぶこのおみ》の女子、名は菩支〃弥女郎《ぼききめのいらつめ》を娶りて生める児云云合せて七王なり。また、巷宜汙麻古大臣《そがのうまこのおおおみ》の女子、刀自古郎女《とじこのいらつめ》を娶りて生める児云云四王なり。

乎波利王の女、名は韋那部橋王を娶りて生める児云云二王なり。

これについては、仮名の時代性や『聖徳太子平氏伝雑勘文』所引『上宮記』下巻「注云」の人名表記との一致などから『上宮記』の逸文と考えるのが普通である。たしかに右の部分はさきにみた下巻「注云」系譜とほぼ一致しており、小文字の「云云」という部分もふくめてその抜き書きのような様相をみせている。

しかし、「或書」は『上宮記』ではないから「或書」と記されているのである。一部の字句の一致という理由だけでこれを『上宮記』の逸文とみなすことには賛成できない。さきに『日本書紀』と『上宮記』に共通する編纂資料があったことを想定したがここでも同様の推測が可能である。右の系譜が『上宮記』のみに記されているとは限らない。

したがって右の「或書」を『上宮記』と同定する必要はなく、むしろ「或書」という不特定の名称に留意するならばそれはべつの書物であると考えられる。この章の冒頭でみたように『聖徳太子平氏伝雑勘文』によれば鎌倉後期には『上宮記』三巻は現存して書写もされていた。

そのような時代において右の文は「或書」として引用されている。そうであれば『上宮記』と「或書」は区別されていたと考えるほうが自然である。おそらく、「或書」は『上宮記』を祖本（モトの本）として派生した題名を欠いた聖徳太子伝であろう。

『三宝絵』

『三宝絵《さんぽうえ》』は源為憲《みなもとのためのり》（?～一〇一一）が仏門に入った冷泉《れいぜい》天皇（在位‥九六七～六九年）の第二皇女・尊子《たかこ》内親王に永観二年（九八四）に献上した仏教説話集である。仏・法・僧の三つの宝の功徳を説くエピソードがほぼ時代順に並んでおり、「三宝絵」という書名のとおり当初は「絵」を中心とした絵詞《えことば》（絵巻）であった。しかし現在、その絵は散逸してしまっており、文章のみが伝わっている。その中巻の第一条が〈聖徳太子〉の伝記になっていて太子が仏教興隆に尽力した功績が記されている。

この話は『聖徳太子伝暦』の内容を簡略化、あるいは抜き書きしたものを基本として『日本書紀』や『日本霊異記《にほんりょういき》』の記述をまじえて成り立っている。正嘉元年（一二五七）にはあの親鸞《しんらん》によって文章の部分が抄出されて『上宮太子御記《じょうぐうたいしぎょき》』としてあらためて成書され、その門徒たちの太子信仰のテキストとなっている。その『三宝絵』の中巻一条の末尾に付されたのがつぎの注である。

日本記、平氏撰聖徳太子上宮記、設楽古京《ならのふるきみやこの》薬師寺沙門・景戒の撰す日本国現報善悪霊異記等《など》ニ見《みえ》タリ

右は『三宝絵』における〈聖徳太子〉の種々のエピソードが他の史書にもみえることを紹介している。傍線部には「平氏撰聖徳太子上宮記」とあり、これで一書を意味しているようにもとれるが、これはあくまで東寺観智院旧蔵本の文字の配列である。醍醐寺釈迦院

旧蔵本・関戸家蔵本など他の諸本では

　平氏撰聖徳太子伝上宮記

と「伝」の一字がある。こちらが本来のかたちであり、当該部分は「平氏撰聖徳太子伝・上宮記」という二つの書を意味するとみた方がよい〔榊原史子二〇〇八〕。

前半の「平氏撰聖徳太子伝」はもちろん『聖徳太子伝暦』である。冒頭の「日本記」は「日本紀」で『日本書紀』のことである。したがって『三宝絵』中巻第一条の太子伝は『日本書紀』『聖徳太子伝暦』『上宮記』『日本霊異記』の記述をもとに成り立っていることが分かる。

そしてこの中巻第一条には『日本書紀』『聖徳太子伝暦』『日本霊異記』にはみえない典拠不明の記事が散見される。これが『上宮記』の逸文である可能性があるのである。これらの文章のおもだったものをみてみよう。

中巻第一条

・太子ト大臣ト一心ニシテ、三宝ヲヒロメムトオモフ

・此仏法ヲスミヤカニトヾメテノミナム、人ノ命ハノコルベキ

・二年アリテ、仏法イヨ〳〵ヒロマリオコリキ

・蘇我大臣太子ニ啓シテ、イクサヲヒキヰテ守屋ノ大臣ノモトニヨル

・コレヨリ仏法サカリトナリヌ

これらはすべて〈聖徳太子〉の仏経興隆の事績を物語る。したがって内容的には『上宮記』に十分に合致すると思われるがはたしてどうだろう。さきの『三宝絵』中巻第一条の注記には、「『日本書紀』『聖徳太子伝暦』『上宮記』『日本霊異記』等《など》に見えたり」という表現がある。つまり、この中巻第一条には前掲の諸本以外も参照されている資料が存在する。また、それらとはべつに作者である源為憲自身の挿入文もあるだろう。

これらのことから右の『三宝絵』の諸文をそのまま『上宮記』の逸文とするわけにはいかない。参考程度に止めておくのが良いと思う。

『太子伝玉林抄』

時代はくだって室町時代。『太子伝玉林抄』という本がある。法隆寺僧の訓海が文安五年（一四四八）に著した『聖徳太子伝暦』の注釈書である。中世の法隆寺では聖徳太子伝に関する講義が定期的におこなわれており、そこで中心となったテキストが『聖徳太子伝暦』だった。はじめ訓海は聴講者としてこの講義に参加し、のちに講師をつとめている。『太子伝玉林抄』はこのときの学識をもってまとめたものであり中世の太子伝のなかでも評価が高い。その巻一九にはつぎのように記されている（図20）。

伝、云う。天皇国記文。口伝、云う。上宮紀上中下三巻は御草なり。注は他の作なり。また、上宮聖徳法王帝記一巻、これ在り、云々。

舊事本紀は、ソ我大臣の作なり、云々。

冒頭の「伝」は『聖徳太子伝暦』を指す。つづく「天皇国記」という語句の後の小さい「文」は引用した文の終わりを示す記号である。この文の前半部分は、『聖徳太子伝暦』には「天皇国記」という文があります、という意味である。その後半部分は「口伝、云う」

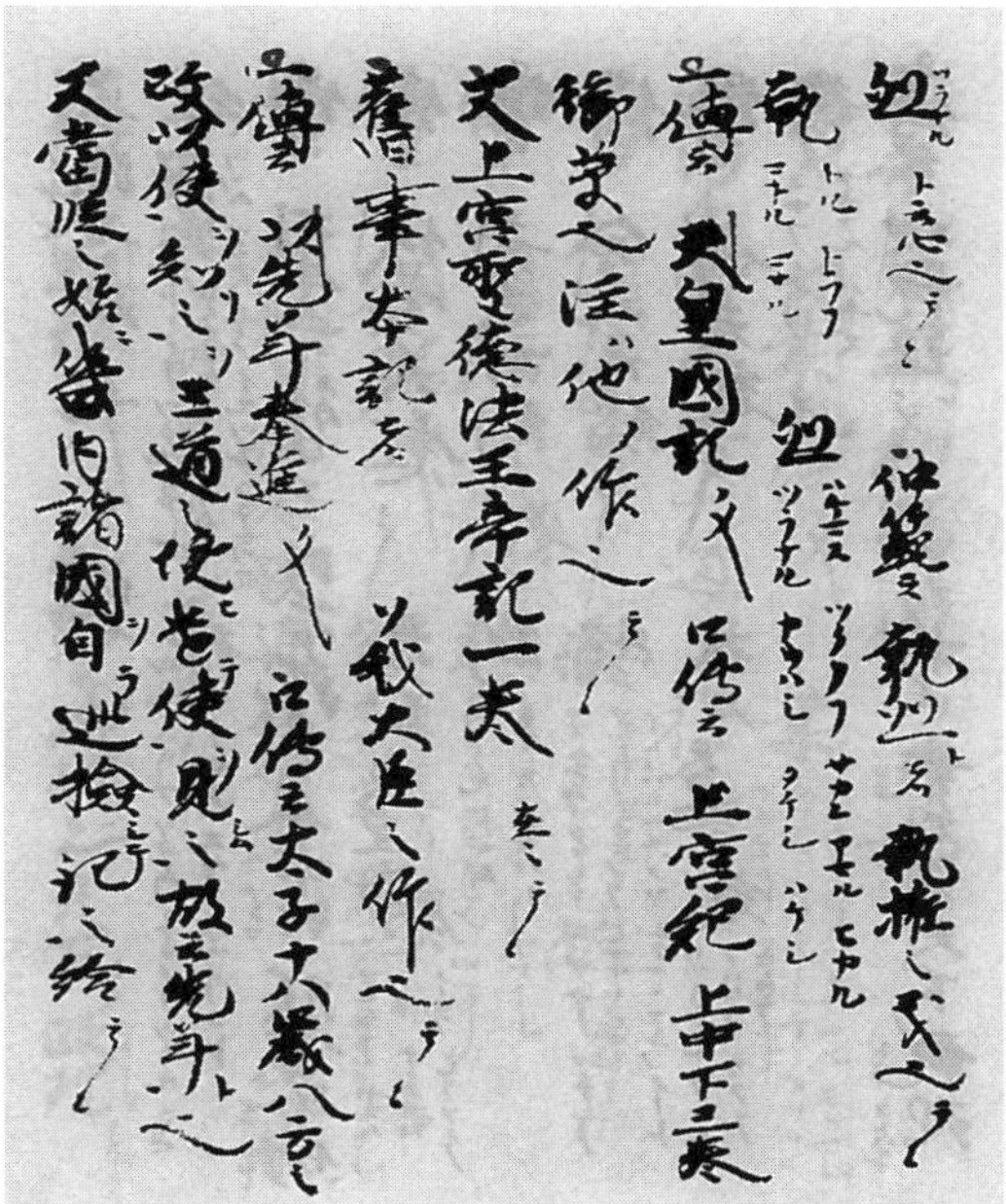

図20　『太子伝玉林抄』巻19（法隆寺所蔵）

として『上宮記（紀）』上中下三巻は〈聖徳太子〉が書いたものであり、注は他者の作である、と続けている。このあたりはさきにみた『聖徳太子平氏伝雑勘文』下巻の三とおなじである。「天皇国記」は本来「天皇記国記」と書くべきところを真ん中の「記」字があやまって脱落したものとみられる。蘇我の「蘇」も「ソ」とカタカナで略記しており、図版にみる字体からも奔放な印象を受ける。訓海はおおらかな人物であったかもしれない。

そのあとの「口伝、云う。」の「口伝」は世間一般に伝わっている話ではなく、法隆寺で代々おこなわれている太子伝の講義で継承されてきた学識、知見を意味する。そうであれば法隆寺全体が『上宮記』全三巻は天皇記であるという認識をもっていることになる。太子信仰の濃厚な中世における法隆寺の認識であるとしてもこの記述は検討に値する。さらに『太子伝玉林抄』を読みすすめてみよう。

中世法隆寺の認識

「天皇国記」の後につづく文には「上宮聖徳法王帝記一巻」とあるが、これは奈良時代後半に成立した太子伝である『上宮聖徳法王帝説』全一巻のことである（本書二四頁参照）。最後の「舊事本記」は『先代旧事本紀』全一〇巻でこれが「ソ我大臣」、すなわち蘇我馬子の作であるとしている。天皇記・国記は〈聖徳太子〉、『先代旧事本紀』は蘇我馬子による史書というわけである。ここでは『上宮聖徳法王帝説』と『先代旧事本紀』が天皇記・国記とあわせて紹介されており、天皇記・

国記という推古朝の史書とその周辺に関する訓海の認識を示している。

このように対象とする書物を同時代の他の書物と比較検討して考えるという「史書」史の分析方法は現在においても有効である〔五味文彦二〇〇三〕。おなじ時期に書かれた書物には共通する様式や内容があって相互に影響を与えている。ときには一方がもういっぽうの資料となっている場合もある。すなわち、ある書物について考えるさいには同時代の関連する書物を検討することが学問的な一つの手段なのである。訓海はそれを知っていた。

重要なのはこれが訓海個人の意見ではなく「口伝、云う」とあるように法隆寺代々の見識であるということである。では、中世法隆寺における『上宮記』を天皇記とする見解ははたして正しいのかどうか。

『上宮記』と天皇記

じつは『上宮記』と天皇記の関連性を指摘する研究は現代においてもみられる〔西田一九六一・武光誠一九八八〕。さきの中世法隆寺の認識は太子信仰にもとづいた独断ではないようである。では、天皇記と『上宮記』の関係はいったいどのように考えればよいのであろうか。ここで『上宮記』に関するこれまでの考察をまとめてみたい。

○　全三巻で中世までは現存していた。

○　天皇家〔継体天皇・厩戸皇子〕の系譜を収録している。

○　七世紀代前半の成立で年紀はない。

○　『日本書紀』に関連する「浮漂」「漂蕩」「国常立尊」などの記述がある。

これらのことからすれば『上宮記』は記・紀と近い関係にある史書ということになる。しかし、前に述べたとおり『古事記』とは継体天皇の母系系譜の有無という点で大きなちがいがあり、『日本書紀』に『上宮記』の名はいっさい出てこない。一見、右の考察結果とは矛盾するようだがここに『上宮記』を考えるヒントがありそうである。考察の材料をさらに増やすために同時代の史書である天皇記の内容を前の章にもとづいて確認してみよう。

a　蘇我氏による「帝紀」で〈欽明王統＋蘇我氏〉という王族の確立を目的とした。

b　神代から推古朝までを記述している。

c　「古字」「古語」を用いて記述されている。

d　全三巻で年紀はない。

b〜dの内容は『上宮記』に対する考察結果とおなじであり、七世紀前半という成立時期もふくめて『上宮記』と天皇記は非常に近接している。問題は天皇記が蘇我系の帝紀であるのに対し、『上宮記』が〈聖徳太子〉系の帝紀であることである。上述の種々の共通点と矛盾するとも言えるこの相違はいったいどのように理解すればよいのであろうか。

ここで、天皇記と『上宮記』という二つの史書を見わたすために当該期の政治過程に目を転じてみたい。

舒明朝の政治情勢

推古朝の宿題

推古朝における厩戸皇子と蘇我馬子の関係を対立的にとらえる見方は今ではむしろ少ない。女帝・推古のもとで厩戸と馬子が利害を調整しつつ提携し、三者が協働して統治をおこなっていたとみるのが現在の通説である。そのバランスが崩れたのが厩戸皇子の死であった。

推古朝の政治において儀礼や仏教、学術面でその能力を発揮していた厩戸皇子だが『日本書紀』に天皇記・国記を編纂したと記された翌年の推古天皇二九年（六二一）四月にこの世を去る。享年四八歳であった。その後は、もともと財政や外交などを担当していた蘇我馬子がそれまでの路線で政治をすすめていたが、その四年後の推古天皇三四年（六二六）五月に死去した。七六歳と言われる。

三人のなかで最後に残された推古はこの時点ですでに七〇歳をこえていた。厩戸皇子の上宮王家は山背大兄王に引き継がれ、蘇我氏の氏上は馬子から蝦夷へと移ったが、問題はそう遠くない推古亡き後の大王を誰にするのか、ということであった。

蘇我氏と大王家の関係

ここで当時の大王家・上宮王家、蘇我氏の血縁関係をみてみよう。蘇我氏は欽明朝以来の外戚関係によってその地位を築いてきた（一〇三頁の図18の系図参照）。そのため大王家との姻戚関係は非常に周到な戦略のもとに

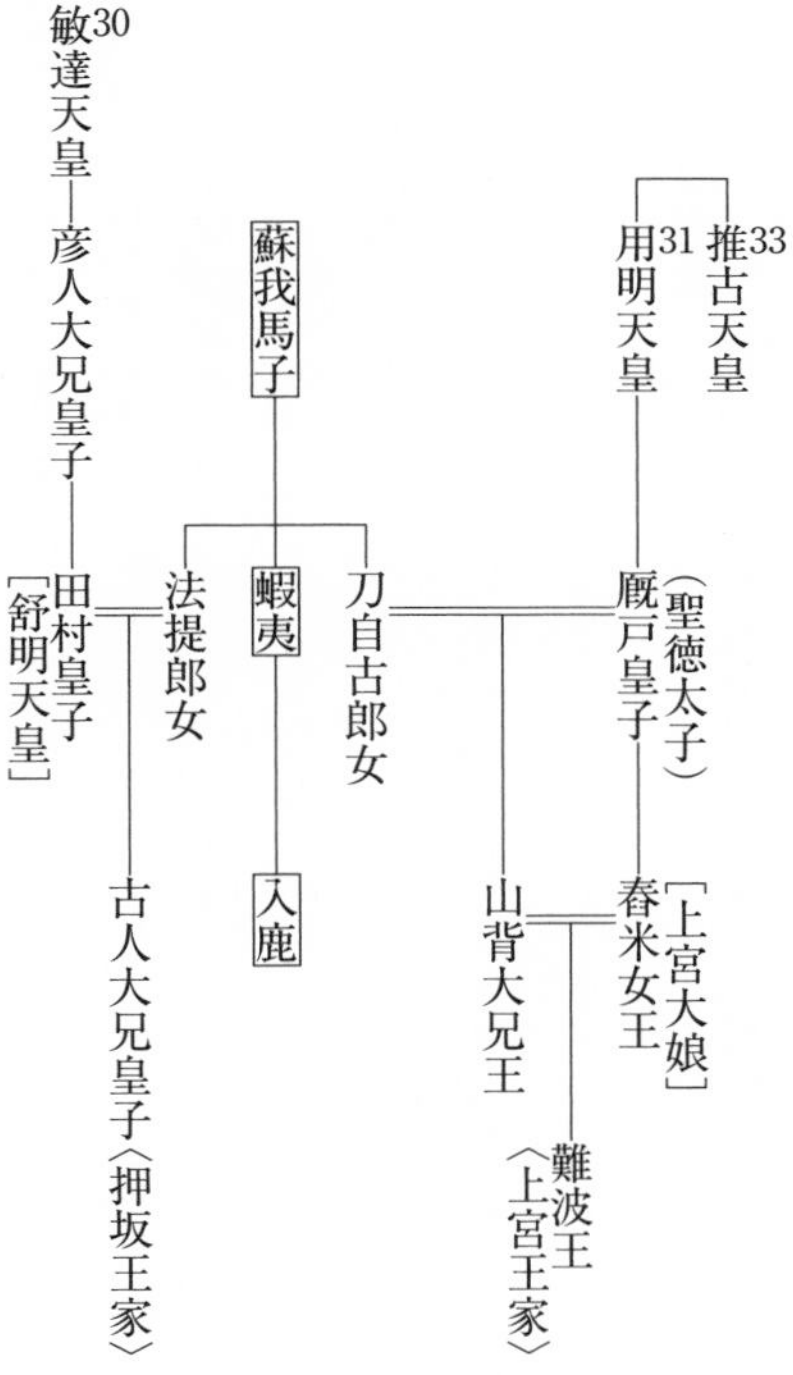

図21　蘇我氏と上宮王家・押坂王家

なされている。蘇我馬子の娘・刀自古郎女《とじこのいらつめ》は上宮王家の山背大兄王に嫁ぎ、おなじく法堤郎女《ほていのいらつめ》は押坂《おしさか》王家の田村皇子《たむらのみこ》(のちの舒明《じょめい》天皇)に配されている(前頁図21)。

上宮王家は推古天皇との結びつきが深く、押坂王家は敏達《びだつ》天皇の直系にあたる。どちらも大王位の継承候補者としては有力である。その両方に蘇我氏は妃を配しており、王統はどちらに転んでもかまわない。

べつな言い方をすれば、蘇我氏は上宮王家と押坂王家のどちらでも選べる立場にあったのである。

女帝の遺言

推古天皇三六年(六二八)二月、女帝は病にかかり三月には容体が悪化した。死期をさとった彼女は小墾田宮《おはりだ》に上宮王家の山背大兄王と押坂王家の田村皇子を呼び寄せた。推古は、山背大兄王には「お前は未熟です。心中、思うところがあってもそれを口に出してはいけません。かならず人の意見を聞き、それに従いなさい」と言い、田村皇子には「王位や国政については軽々しく口にするものではありません。行動をつつしみ、よく考えるように心がけなさい」と言っている。

推古の真意を断定することはむずかしいが、山背大兄王を未熟者と評していること、田村皇子に王位や国政に関する言葉をかけていることをみると、推古は田村皇子を後継者として考えていたとみられる。それを言明しなかったのはさまざまな意図をもつ群臣の存在があったためである。推古が田村を後継者に指名したとしても彼らがそれを認めなかったら意味はない。賢明な推古はそのことを知っていて後継者の指名を避けたのである。

この翌日、推古は七五歳の生涯を終えた。彼女は自身の死によって時代が変わっていくことを十分に分かっていたはずである。

大王位の行方

推古が崩御して半年、その葬儀は終わったがつぎの大王はまだ決まらなかった。『日本書紀』舒明即位前紀をみると、蘇我蝦夷が山背大兄王を退けて田村皇子を擁立しようと策動した様子が克明に記されている。

蝦夷は群臣の支持を得るために自宅で宴会を催し、田村皇子と山背大兄王のどちらを大王にするべきかを問うた。誰が敵味方になるか分からない状況でお互いの腹の探り合いをする豪族たちは誰も返答しない。沈黙に支配されたその場は緊張感に満ちていたであろう。ついに大伴鯨《おおとものくじら》が口を開いて田村皇子の支持を表明した。ここぞとばかり采女摩礼志《うねめのまれし》、高《たか》向宇摩《むこのうま》、中臣弥気《なかとみのみけ》、難波吉士身刺《なにわのきしむさし》の四人がこれに同意する。これに対して異議を唱えて山背大兄王を主張したのは許勢大麻呂《こせのおおまろ》、佐伯東人《さえきのあずまびと》、紀塩手《きのしおて》の三人であった。これ以前に、蝦夷と同族ながら境部摩理勢《さかいべのまりせ》も山背大兄王の支持の立場を明らかにしている。

蝦夷の意図はともかく、推古亡き後の大王位の行方は田村皇子支持派と山背大兄王支持派の真っ二つに分かれていた。推古が生前に憂慮していたことは的中したのである。山背大兄王の即位を否定しない遺言を述べたことからすると、蘇我蝦夷が田村皇子擁立で押し切れないであろうことも推古は見通していたのだろう。推古は慎重で洞察力のある女性だったと思われる。

そして、山背大兄王は逆に自己主張の強い人物だった。この後、自身が大王位を継承できないことを不満とし、三国王《みくにのみこ》・桜井和慈古《さくらいのわじこ》を通じてその意向を蘇我蝦夷に伝えている。蝦夷にしてみれば、推古の遺言を聞いておきながら臆面もなくそのような行動をとる山背大兄王が自分の思いどおりになるとは思えなかった。

蝦夷の選択

蘇我蝦夷が田村皇子を支持したのは皇子の妃に蝦夷の妹である法提郎媛が配されており、その長子である古人大兄皇子《ふるひとのおおえのみこ》の将来的な擁立をねらってのことである。

かりに山背大兄王に大王位が継承された場合、その後の大王位は厩戸皇子の娘で山背大兄王の異母妹である舂米女王《つきしめのひめみこ》が生んだ難波王など純・上宮王家の人物、すなわち非蘇我系の王子に継承される可能性が高い（一四一頁の図21参照）。そうなれば蘇我氏の勢力は大きく減退することになる。

そのような次世代以降をみすえた情勢判断のもと、馬子から蝦夷への世代交代を契機として蘇我氏は結託する王系を上宮王家から押坂王家に切り替えたのである。こうして、押坂王家の田村皇子が即位して舒明天皇（在位：六二九〜四一年）となる。

以上のような情勢の変化のなかで上宮王家と蘇我氏の協力体制はくずれた。そして、上宮王家と蘇我氏はその後、ますます対立を深めていく。

上宮王家vs.蘇我氏

舒明が崩御し、その大后であった皇極（宝皇女《たからのひめみこ》）が即位したのは六四二年であった。このとき、蘇我氏の権勢はますます強くなり、蝦夷は先祖代々の墓の前で「八佾之儛《やつらのまい》」を催し、自身と子の入鹿の墓をつくって「大《おお》陵《みささぎ》」「小《こ》陵《みささぎ》」と呼ばせた（『日本書紀』皇極天皇元年是歳条）。「八佾之儛」は八列六四人の群舞で中国では天子しか開催できない。また「陵《みささぎ》」とは天皇・皇后の墓を意味する言葉である。蘇我氏は自身を大王になぞらえ、その権力をほしいままにしていた。『日本書紀』の第一のクライマックスである大化改新にいたる伏線として有名な話である。

　さらに蘇我氏は対抗関係にある上宮王家の家産にも浸食の手をのばした。厩戸皇子のためにもうけられた部民である上宮《かみつみやの》乳部《みぶ》をことごとく集めて、先の大陵・小陵の造営に使ったのである。山背大兄王の妃である春米女王《つきしめのひめみこ》はこれに激怒する。「蘇我氏は国政を専横して無礼である。国に二人の王はいない。どうして勝手に我が王家に賜った民を使うのですか」と。この怒りはもっともである。

　春米女王は『日本書紀』では「上宮大娘姫王《かみつみやのおおいらつめのひめみこ》」という名で記されている。「上宮」

を冠する彼女は上宮王家の家刀自としてその家産の経営にあたる女性だったのであろう。しかし、山背大兄王を差しおいてその妻である舂米女王が前面に出てきていることは正直に言うと気になる。彼女はかなり気の強い女性だったのだろう。

それはともかく、これらのことから家産の分散を抑止する上宮王家（山背大兄王・舂米女王）とこれを政治的・経済的に侵食しようとする蘇我氏（蝦夷・入鹿）の対立の激化がみてとれる。そしてもちろん、攻勢をかける蘇我氏に対して上宮王家が何もしなかったわけではない。

上宮王家の滅亡と『上宮記』

上宮王家の反撃

上宮王家は播磨（兵庫県）・大和（奈良県）・駿河・伊豆（いずれも静岡県）・信濃（長野県）・甲斐（山梨県）・武蔵（東京都・埼玉県）・上野（群馬県）など全国各地でその経済基盤を維持・強化し、氏寺である斑鳩寺《いかるがでら》（法隆寺）領もふくめてその政治勢力を一族で団結して保持しようとした。それは自身が反主流派となった政治情勢におけるごく自然な対応であったし、その勢力を維持するためには当然の活動であった。

しかし、蘇我氏の権勢は強まる一方である。その蘇我氏の権力を歴史的に正当化していたのが天皇記である。このような劣勢のなか山背大兄王ら上宮王家が拠りどころにできるのは今は亡き厩戸皇子しかなかった。のちに〈聖徳太子〉として聖人化される厩戸皇子だが、その死後から仏僧を中心に「豊聡耳《とよとみみの》法大王《のりのおおきみ》」(『日本書紀』用明天皇元年〈五八五〉正月壬子条)、「聖徳王」(『上宮聖徳法王帝説』)として尊崇の対象となっている。その厩戸皇子の権威を利用して自らの血統の優位性を説くということは、勢力の挽回をはかる上宮王家に残された数少ない手段であった。

改新への序曲

このような国内政治は外交によっても左右される。ここで当時の倭国をとりまく対外情勢をみておきたい(一〇一頁の図17参照)。

六二八年に中国を統一した唐はモンゴル高原の東突厥《テュルク》、西域《さいいき》の高昌国《カラホージャ》を滅ぼしていよいよ朝鮮半島にその手を伸ばしてきた。高句麗《コグリョ》・新羅《シルラ》・百済《ペクチェ》の三国はこれに対抗するために権力の集中をはかる。六四二年七月には百済で国王の義慈王が有力な大臣や王族を退けて専制権力を確立し、同年九月には高句麗で豪族の泉蓋蘇文《せんがいそぶん》がクーデターを起こして政権を獲得した。新羅において王族の一人である金春秋《こんしゅんじゅう》が真徳女王を擁立して国政を掌握したのはそのすこしあとの六四七年である。

隣国の朝鮮三国が権力集中に向かっていたころ、倭国では前述のように蘇我氏と上宮王家による権力の分裂がすすんでいた。隣国する朝鮮三国とは正反対の政治動向であり、それは支配者層のなかでも問題となっていたであろう。そのような政治情勢のなかで倭国内でも権力の集中が模索される。そのさいに排除の対象となったのが反主流派の格好の受け皿となっていた上宮王家であった。

自己主張の強い山背大兄王と勝気な春米女王を中心とする上宮王家はその血統とはうらはらに朝廷では浮いた存在だったと思われる。申し訳ない気もするが、さきの言動からは二人とも衆望をになうような人物に思えない。彼らを取りまく豪族はもちろん存在したが、反蘇我氏という意味においてその血統に結集していただけであろう。

上宮王家の滅亡

その上宮王家が滅ぼされたのは六四三年一一月である。百済や高句麗で権力集中がなされた翌年であった。『日本書紀』によれば、蘇我入鹿が古人大兄皇子を大王位に擁立しようと巨勢徳太《こせのとくた》と土師娑婆《はじのさば》を派遣して上宮王家を襲撃させた。山背大兄王は本拠である斑鳩宮《いかるがのみや》をからくも脱出して山中に逃れ、その後、斑鳩寺に入った。

そこで蘇我氏の軍勢に包囲された山背大兄王は妻子とともに首を吊って自死する。これを聞いた入鹿の父・蝦夷は「入鹿はなんという愚か者なのだ。そんなことをしたら自分の命が危ういではないか」と言ったという。これも大化改新への伏線であるが、以上は『日本書紀』皇極天皇二年一一月丙子条の語る上宮王家滅亡事件である。

ここに『上宮聖徳太子伝補闕記《ほけつき》』という全一巻の太子伝がある。上宮王家と関係のあった調使《つきのおみ》氏・膳《かしわで》氏に伝わる記録をもとに平安前期に作成されたもので、広隆寺系の太子伝とも言われる。その『上宮聖徳太子伝補闕記』には『日本書紀』とはことなる事件の様子が語られている。それによれば上宮王家の襲撃は入鹿の単独行動ではない。同書には、

宗我大臣《そがのおおおみ》［蘇我蝦夷］、并《あわ》せて林臣入鹿《はやしのおみいるか》［蘇我入鹿］、致奴王子《ちぬのおう》の児・名は軽王《かるのおう》［のちの孝徳天皇］、巨勢徳太古臣、大臣大伴馬甘《うまかい》連公、中臣塩屋枚夫《ひらふ》ら六人、悪逆を発《おこ》して、太子の子孫男女廿《にじゅう》三王、罪なくして害せらる。

とのちの孝徳天皇をふくむ六人の首謀者が記されている。

蘇我氏滅亡の乙巳の変にいたる記述は『日本書紀』のなかでもとくに潤色が多いところである。その意味で氏族の記録にもとづく『上宮聖徳太子伝補闕記』の方が事実を語っている部分があると言える。なぜならば「悪逆の至り」という謀略に無関係の人物を関与させてその名誉をおとしめる必要はなく、のちに大王位につく軽皇子《かるのみこ》（孝徳天皇）がそこに加わっているならなおさらである。山背大兄王の殺害（自死）と上宮王家の滅亡は軽皇子と蘇我蝦夷・入鹿父子を中心とする朝廷内の合意で実行されたとみるのが妥当である。

『日本書紀』の記述

この事件に関する『日本書紀』の記述はかなり具体的でかつドラマチックに仕上がっている。たとえばつぎのような記述である（それぞれ趣意文）。

・蘇我入鹿の差し向けた軍勢に対して上宮王家の家人・三成が奮戦し、その武勇を

「一人当千」としてたたえた。

・山背大兄王は馬の骨を寝室に投げ込んで生駒山に逃げ込んだ。巨勢徳太は斑鳩宮を焼き払った後にそれを見て王が死んだと勘違いした。

・山背大兄王は「蘇我氏と戦えば勝てるがそのために人民を苦しめたくはない。私一人の身を蘇我氏に差し出せばよいのだ」と言った。

これらの記述は『日本書紀』のほかの記事と比較すると長く、仏教的な色彩が濃厚で実録風である。また、数日間の出来事を「丙子《ひのえね》の朔《ついたち》」という一日の条文におさめているのも特徴的である。

これについては斑鳩寺の僧侶による一連の記録、すなわち事件記の存在が想定されている〔関晃一九九六〕。ある出来事をまとめて記録する事件記の存在は後世の六国史からもうかがえるが、右の記述内容や時間の経過の圧縮を考えると上宮王家の滅亡に関してもそのような記録があった可能性は高いだろう。

記事の典拠　その記述に用いられた可能性がある経典に『六度集経《ろくどじっきょう》』が指摘されている〔八重樫直比古二〇一二〕。『六度集経』は古訳と呼ばれる仏典で三世紀の後半に呉の康僧会（?～二八〇年）によって漢訳された。釈迦が前世でお布施を中心とする六つの修行をおこなう話である。さきの『日本書紀』の条文は山背大兄王がその教えにもとづいて自身の命を捨てて無用な戦乱を防いで人民に施しを与える、というストーリーになる。「上宮太子聖徳皇」（法起寺《ほっきじ》塔露盤銘）、「豊耳聡《とよみみと》聖徳《しょうとく》」（『日本書紀』用明天皇元年〈五八五〉正月壬子条）と呼ばれる〈聖徳太子〉の「聖徳」という尊称は多くの仏典にみられる語句で典拠がはっきりしないが、この『六度集経』から採用された可能性が指摘されている。

また当時、漢語・漢文を用いて文章を作成できる人びとは限られており、フミヒト系の渡来人とともに僧侶はその筆頭にあげられる。当時の斑鳩寺の僧侶が関係の深かった山背大兄王の悲劇の死を仏典にもとづいて功徳に転化し、その鎮魂とあわせて仏教の高揚をはかる叙述を作り上げることは彼ら自身にも利益がある。

『上宮記』の作者

『上宮記』もそういった斑鳩寺の僧侶によって書かれたのではないか。さきに『太子伝玉林抄』には天皇記を『上宮記』とする法隆寺の「口伝」が伝えられていることをみた。その「口伝」が形成された根源を『上宮記』の編纂作業に見出すことができるのである。〈聖徳太子〉系の『上宮記』を天皇記ということにすれば太子にかかわる法隆寺の権威も称揚される。仏教をひろめた厩戸皇子を賞賛し、蘇我氏に対抗する記述を作成する担当者として法隆寺の僧侶は学識的にも技術的にも適していただろう。

さきに『上宮記』の注は後人の作という『聖徳太子平氏伝雑勘文』下巻の三の解説を紹介したが、そこでの系譜の書き出しは「法大王《のりのおおきみ》」である（本書一一六頁）。仏教を意味する「法」を使用した厩戸皇子の尊称は法隆寺資財帳の「法王」、法隆寺金堂釈迦三尊像の「法皇」、『上宮聖徳法王帝説』の「上宮聖徳法王」「聖徳法王」など法隆寺系の史料に限られている。とくに仏教を取り上げての「法〜」という尊称は僧侶の手によるものと考えられ、『聖徳太子平氏伝雑勘文』の「法大王」もこの例にふくめて考えられる。

『上宮記』の注は「後人の撰」（『聖徳太子平氏伝雑勘文』）、「他の作」（『太子伝玉林抄』）と言われるが、この場合の「後人」「他」は『上宮記』にまったく関係のない誰かではないだろう。具体的には法隆寺の関係者、太子信仰を生み出していく僧侶であったと考えられる。そうであればこれを太子関連の史料として継承して太子伝において注記することの意味も分かりやすい。『上宮記』は法隆寺において伝えられ、その過程で上記のような追筆がなされたのである。

『上宮記』その後

そのようにして編纂された『上宮記』は斑鳩寺（法隆寺）の僧侶の手によって中世に伝わったと思われる。しかし、『釈日本紀』や『聖徳太子平氏伝雑勘文』などで必要な部分のみは引用されるが『上宮記』自体はその後に散逸してしまう。奈良時代以降の歴史叙述で太子信仰がべつの文脈でとらえなおされた結果、それよりも古い『上宮記』の主張はそこで不要となったのである。〈聖徳太子〉に関係のある法隆寺・四天王寺・橘寺などでは中世太子伝がいくつも生成されるが『上宮記』の内容はそれらに発展的に解消されていった。

書物の消失には火災や紛失など物理的な意味でそうなる場合と内容的にそれを上回るものが出てその存在意義がなくなる場合と二通りある。古拙な内容と表記をもつ『上宮記』の場合は後者にあてはまると思われ、その役割は多くの中世太子伝が代わりになってい ったのである。

上宮王家の『上宮記』

推古の死後、王権の中心は蘇我蝦夷・入鹿の選択した押坂王家（舒明天皇・古人大兄皇子）に移った。かつておなじ地位にあった上宮王家（山背大兄王・春米女王）が次第に劣勢になるなか上宮王家はその経済基盤を維持・強化するなど政治勢力の挽回をはかる。その一環として蘇我氏作成の天皇記に対抗して自己の正統性と権威を主張する〈聖徳太子〉系の史書の編纂に着手したのである。

推古朝に蘇我系の帝紀として完成した天皇記は右のような政局の推移によって〈聖徳太子〉系の系譜に改作され、そこで太子に依拠した正当性を誇示する書名をもつ『上宮記』が作成された。『上宮記』は上宮王家の編纂した帝紀であり天皇記の異本である。

厩戸皇子の血統を受けついだ山背大兄王を中心とする上宮王家は朝廷内で孤立し、蘇我氏を中心とする主流派に滅ぼされてしまう。そして、その蘇我氏（蝦夷・入鹿）もそのわずか二年後の乙巳の変で孝徳天皇と中大兄皇子・中臣鎌足らに滅ぼされる。そのさい、蘇我氏の帝紀である天皇記は物質的にもイデオロギー的にも焼却された。しかし、上宮王家の『上宮記』はすくなくとも中世まで伝わっている。また『上宮記』の性質を広くとって聖徳太子伝としてみればそれはその後も大きく拡張している。

上宮王家は蘇我氏に滅ぼされた。しかし、「史書」史としてみれば『上宮記』の継承と太子伝としての転生は蘇我氏の天皇記の意義をはるかに上回る。その意味では上宮王家の『上宮記』は蘇我氏の帝紀（天皇記）にうち勝つという目的を達成していたと言えるかもしれない。山背大兄王と舂米女王はすこしでも報われたであろうか。

『古事記』の政治史

七世紀後半の史書

『古事記』へのスタンス

古事記は誠に古語を注して載せるといえども文例は史書に似ず。
（『古事記』はよく古語を注記して載せてはいるが、その文体は史書っぽくない。）

矢田部公望の『古事記』

右は承平度の講書における「わが国で最初の史書は何でしょうか?」という受講生の問いに対する文章博士《もんじょうはかせ》・矢田部公望《やたべきんもち》の答えである（『日本書紀私記』丁本・一八八頁）。『古事記』の文体は史書の通例にはあわない。したがって、わが国での史書の始めは〈聖徳太子〉の編纂した『先代旧事本紀《せんだいくじほんぎ》』である。というのがここでの結論である。『日本書紀』の講書というこれ以上ないオフィシャルな場で『古事記』は史書ではない、と切って捨てられている。とても衝撃的な内容である。

しかし、この指摘はもっともと言えばもっともである。たしかに『古事記』は六国史《りっこくし》のような年月を語っておらずその意味で史書ではないと言えてしまう。上巻の神話や諸所に散りばめられた歌謡から受ける印象もこれを後押しする。しかし、そのような史書の定義が誤りであるということは最初の帝紀・旧辞の章で述べたとおり。年紀をもたなくても『古事記』は王代記というスタイルの立派な史書である。ちなみに、さきの発言をした矢田部公望は『先代旧事本紀』を〝偽作〟した張本人とも言われており、そういう背景が右の発言にはある。

プロローグでは『日本書紀』を読むときの参考文献として『先代旧事本紀』と『上宮《じょうぐう》記《き》』があいついであげられ、ようやく第三のそれとして『古事記』が登場することをみた。くり返すが、この三番目という『古事記』の位置づけが微妙すぎる。この順位づけも矢田部公望によるものであるが、そうだとしても『古事記』が出てくるのは『上宮記』のあとである。

『古事記』という物語

このことからすると古代人における『古事記』のあつかいが現代の私たちとは大きくことなっているのが分かる。『古事記』は神話という日本人の精神世界を語る至高の古典である。上巻でこの世界をつくった神々の物語を語り、中巻でその神々の系譜を引き継いだ天皇家の国づくりを述べ、下巻でこれにつながる豪族たちと朝廷の支配を記している。そうして、「倭」という国家の形成と天皇家によるその支配を正当化していく。これによって読み手はいま自分が生きている世界とその秩序を安心して受けいれ、ひいてはそこに存在する自分自身をも肯定することができる。

上巻の主人公は、

伊耶那岐命《いざなぎのみこと》・伊耶那美命《いざなみのみこと》→天照大御神《あまてらすおおみかみ》・須佐之男命《すさのおのみこと》→大国主神《おおくにぬしのかみ》……

と、系譜にもとづいてリレーされていく。しかし、それでも物語《ストーリー》の展開は右のように一貫している。異説である複数の「一書」を所々にはさみながら進行していく『日本書紀』より断然、スピーディーでスリリング。そしてドラマチックである。

『古事記』は文学？

そのため『古事記』は現在においても史書というよりは文学としてあつかわれることが多い。『古事記』はどちらの要素ももっているが、研究については歴史学よりも国文学・国語学の分野のほうがはるかに充実している。では、『古事記』は文学書であって歴史書ではないのか。その研究は文学・言語の分野でおこなうべきものなのか。

筆者はそうは思わない。物語《ストーリー》の読みこみや言語学上の分析は国文学・国語学の分野に分があるだろう。そして、その『古事記』に関する国文学・国語学の研究は膨大すぎてそのすべてに目を通すことは不可能である。歴史学では関連する分野の先行研究を網羅してその到達点と問題点を自分なりに明らかにし、そのうえで課題を設定して論文を書く。そのスタイルを守ろうとすると研究史の膨大な『古事記』はとても手に負えない。

もちろん、歴史学においても『古事記』を史料として用いることはある。しかしそれは書かれている文章の部分的な利用で『古事記』総体を批判的に分析した論考はこれまであまりなかった。歴史学にとっては『古事記』を史書、つまり史料としてあつかうより文学としてあつかったほうがある意味で無難なのである。より率直に言えば歴史学は『古事記』を敬して遠ざけていたと思う。

『古事記』の相対化

このような状況に対して、近年の史書研究の水準からその見直しをはかったのが遠藤慶太氏である。遠藤氏は『古事記』を「さまざまあった『帝紀』の一類型」としてその価値の相対化をはかった〔二〇一八：一二一頁〕。聖典化された『古事記』を数ある帝紀の〝一つ〟としてとらえ直したのである。その作業と結論は至極まっとうなものだと思うが、この見方について「それはそうだろう」という程度に受けとってはいけない。『古事記』とおなじような内容と完成度をもつ帝紀はそれ以外にも複数あった、というドラスティックな意味でとらえるべきである。

遠藤氏の仕事は歴史学の立場から『古事記』を相対化するものとして注目される。このように『古事記』を位置づけなおす究極の作業仮説が〝偽書説〟である。国文学の分野からは近年も三浦佑之氏が古事記〝偽書説〟を打ち出している。平成古事記ブームの立役者と言われる三浦氏は律令国家の運営に律令と国史の二つの軸を想定し、そこに『古事記』が位置づけられないことを説いた〔三浦佑之二〇〇七〕。この点、現在の古代史研究の基盤をつくった坂本太郎（一九〇一〜八七）的な発想である。しかし、歴史学の分野でこの〝偽書説〟を受けいれる気配はまったくと言っていいほどない。

二つの〝偽書説〟

この〝偽書説〟についてはくわしくみると、つぎの二通りがある。似て非なるものなので、慎重に区別しておきたい。

A　『古事記』全体（本文・序文）が偽作である。

B　本文はもともとあってこれに序文が追加で偽作された。

Aは『古事記』の本文も序文も平安時代になってから作成されたとするもの。Bは本文が七世紀後半ごろに成立しており、序文のみが平安時代になって追加されたとするものである。今後はAを〝　〟を取った「偽書説」、Bを「序偽作説」として区別することにしたい。

偽書説・序偽作説の共通点はともに序文を偽作とすることである。一方、真書説ではこの序文を全面的に信用することから論がはじまる。したがって『古事記』の考察においてはこの序文をどのように理解するかが真偽の判断の決め手になる。

〝偽書説〟は「たがいに関連のないいくつかの断片的な要素を《偽書》という大きなスケールで組み合わせた寄せ木細工」と言われる〔西條勉一九九八：一〇一頁〕。言いえて妙でまったくそのとおりだと思う。〝偽書説〟の個々の論点は『古事記』という一書からすればあまりにも断片的で微細である。その微証の一つや二つから『古事記』全体の性質を判別することはとてもできない。細かな寄木のそれぞれの部位は〝偽書〟という全体にむけて成形されなければ各個で意味をなすようなものではないのである。

しかし、それでもなお筆者は序偽作説という立場をここで表明しておきたい。そう考える種々の理由はこれから述べるが、ひとことで言えば『古事記』と『日本書紀』は両立しないということである。この点で筆者はさきの三浦佑之氏とおなじ考えに立つ。しかし三浦氏の説では『古事記』の本文をいつ誰が書いたのかまでは説明されていない。序文を信用しない場合、史料がまったくないので当然と言えば当然だが、この点は〝偽書説〟の残された大きな課題である。この章ではこれまでの帝紀・旧辞、天皇記・国記、『上宮記』の考察を前提にしてこの点にも踏みこんでいきたい。

それでは六国史以前のラストを飾る『古事記』について、いよいよその記述をはじめることとしよう。

『古事記』序文と天武一〇年紀

〝偽書説〟の『古事記』

これほど有名でありながら『古事記』の編纂や撰進に関する記事は『日本書紀』や『続日本紀《しょくにほんぎ》』にない。そもそも事の発端はそこにあるのだが、〝偽書説〟（偽書説・序偽作説）の論点については矢嶋泉氏が網羅的にまとめている〔矢嶋泉二〇〇八：一五〜六頁〕。ここでは矢嶋氏の作成した表を整理、簡略化してかかげる（表3）。

ここでその一つひとつを検証していきたいところだがそれでは議論があまりにも複雑で細かく、多岐にわたる。そこで一歩さがって右の諸論点を見わたしてみると、それらのほとんどが解釈の問題にいきつくことが分かる。〝偽書説〟でも真書説でもどちらでもとらえられる事柄が多いのである。〝偽書〟の根拠にもなりうるが、あまりにも微細かつ断片

表3　〝偽書説〟の論点

序　文	作者	太安万侶	ⓐ署名が当時の規定に反している ⓑ勅撰でありながら無官の1名で撰録している
		稗田阿礼	ⓒ他の史料にみえない ⓓ「姓」の用法が不明瞭である
	内容	ⓔ『日本書紀』『続日本紀』に撰録に関する記事がない ⓕ序文と本文の内容に齟齬がある ⓖ序文の内容と『日本書紀』天武紀の内容が一致しない ⓗ壬申の乱の記述は『日本書紀』にもとづいている	
	様式	ⓘ当時の文章としては上手すぎる ⓙ序文と上表文が混同され、当時の様式にもあわない	
本　文	内容	ⓚ『日本書紀』に一致するものが少ない ⓛ上巻の「淡海の多賀社」は10世紀以前の文献にみえない ⓜ上巻の大年神系譜に平安期以降に有力化する神がみえる	
	用字	ⓝ字音仮名が多用される形態は平安期的である ⓞ整理統一された仮名字母は奈良後期から平安期的である	
	表記	ⓟ地名の表記が平安期的である	
その他	ⓠ『日本書紀』は『古事記』を参考にした形跡がない ⓡ『新撰姓氏録』は『古事記』を参照していない ⓢ「弘仁私記序」で『古事記』が称揚されている ⓣ允恭記の軽太子関連の歌が『日本書紀』に見えないのに『万葉集』に作者を変えて収録されている		

的でその断定までにはいたらないことが多いし(ⓐ〜ⓔ、ⓙ、ⓡ〜ⓣ)、時期的にへだたりがある事象についてもそれが初例である、あるいは孤立した事例であると言い切ってしまえば論理的には成り立つ(ⓘ、ⓛ〜ⓟ)。また、『日本書紀』との記述の齟齬をいくら強調してもそれが『古事記』の真偽を判定する材料にはならない。両書はおなじ素材をあつかってはいるが別個の書物であり、そのいっぽうの判断にもう一方の記述を持ちこむのは方法として誤りである(ⓖⓗⓚⓠ)。

一つの解釈があらたな可能性をもたらしはするがそれが全体を決定するわけではない。また、その解釈自体にも他案があって揺るぎがないわけではなく、その選択肢は複数あるのである。右にみた〝偽書説〟の論点はそのような非常に不安定な要素のうえに成り立っている。この点は実証のむずかしい政治史研究のジレンマとまるでおなじである。そのため結局のところは『古事記』の序文をどう理解するのか？　というところに問題が返される(ⓕ)。

「記序」と天武紀

ここから『古事記』序文の検討に入りたい。なお「『古事記』序文」という表記を今後くり返し使用するのはすこし煩雑なので以下、適宜「記序」と略称し、その全文も巻末史料にかかげて必要に応じて引用したい。

さて、天武天皇は「諸家」の所有する「帝紀及び本辞」が史実とは異なり、多くの虚偽を加えていることを嘆き、その是正のために帝紀の「撰録」（記事を選んで記録すること）と旧辞の「討覈《とうかく》」（偽りをただすこと）を企画した。そこで稗田阿礼《ひえだのあれ》につぎのように「誦習《しょうしゅう》」を命じる。

　阿礼に勅語して帝皇日継《すめろぎのひつぎ》及び先代旧辞を誦《よ》み習わしむ。

しかし、それは時代の変遷のなかで完成にはいたらず、元明朝に太安万侶《おおのやすまろ》が「撰録」する。

　臣安万侶に詔して、稗田阿礼の誦《よ》む所の勅語の旧辞を撰録して献上せしむ。

右によれば天武天皇が稗田阿礼に「帝皇日継」（帝紀）と「先代旧辞」（旧辞）を「誦習」させたことが『古事記』の起源である。そしてその約四〇年後、元明天皇の命令で太安万侶がこれを「撰録」して翌和銅五年（七一二）に『古事記』が完成する。この「記序」の内容をすこしでも客観的に理解するために、おなじ時期に出された史書の編纂命令である『日本書紀』天武一〇年（六八一）三月丙戌条をみてみよう。

　天皇〔天武〕、大極殿に御《おわしま》して、川嶋皇子・忍壁皇子《おさかべのみこ》・広瀬王・竹田王・桑田王・三野王・大錦下上毛野君三千《かみつけぬのきみみちぢ》・小錦中忌部連首《いんべのむらじおびと》・小錦下阿曇連稲敷《あずみのむらじいなしき》・難波連大《おお》形《かた》・大山上中臣連大嶋・大山下平群臣子首《へぐりのおみこびと》に詔して、帝紀及び上古諸事を記し定めしむ。大嶋・子首、親《みずか》ら筆を執りて以て録《しる》す。

右の記事については『日本書紀』に結実する国史編纂事業のはじまりとみるのが一般的である。しかし、この天武一〇年紀と「記序」ではおなじ天武朝の修史事業でありながら書かれている内容や性質が大きくことなる。これら二つの修史事業を担当者や作業内容に着目して整理すると表4のようになる。

前後の修史事業？

この表をみて分かるように天武天皇はべつべつの人間に「誦習」と「記定」、「撰録」と筆録ということなる作業を命じ、これによって『古事記』『日本書紀』という二つの史書が完成したことになる。この二つの修史事業の関係については天武一〇年紀の作業が困難を極めたため天武が計画を見直し、「記序」の稗田阿礼への「誦習」命令となったと理解する説がある〔青木和夫二〇〇三〕。

しかし、そうなると『日本書紀』にいたる修史事業はその史料上の根拠を失うことになる。そしてその作業がいつどのようにして始まったのか分からない。また、その失敗のあとにどのような改善がなされて『日本書紀』が成書にいたったのかも不明である。

成書
『古事記』
『日本書紀』

それは史料に残っていないだけだと言うこともできるが、そうであれば失敗に終わったこの天武一〇年紀の記事をあえて『日本書紀』に掲載する必要はない。天武一〇

表4　「記序」と天武10年紀の修史事業

史料	命令者	担当者①	作業①	担当者②	作業②
「記序」	天武天皇	稗田阿礼	誦習	太安万侶	撰録
天武10年紀		川嶋皇子 忍壁皇子 広瀬王 竹田王 桑田王 三野王 上毛野君三千 忌部連首 阿曇連稲敷 難波連大形 中臣連大嶋 平群臣子首	記定	中臣連大嶋 平群臣子首	筆録

年紀は『日本書紀』を念頭におかないとスムーズに解釈できないのである。したがって、天武一〇年の修史事業の失敗から『古事記』が生まれたと考えることはむずかしい。

逆に「記序」に記される作業が遅滞したためにあらためて天武一〇年紀の修史命令が出されたとする説もある〔坂本太郎一九八八b〕。しかしそうすると、稗田阿礼はその後いったい何をしていたのであろう。

太安万侶ほどではないにせよ、当時において文筆に優れた官人はいたはずである。彼らを用いての編纂事業はなぜ継続されなかったのであろうか。くわえて四〇年以上も放置された稗田阿礼の「帝皇日継」「先代旧辞」が急に元明《げんめい》朝で『古事記』として成書する理由も不明である。

このように「記序」と天武一〇年紀をおなじ時系列の前後関係で理解しようとすると記・紀の編纂作業の一方はもういっぽうに解消されてしまう。そして、解消された一方の事業がその後に復活し、以前の困難を乗り越えて成書にいたるまでの経緯が想定しにくい。すくなくとも、残された史料の上でそれを確認することはできないのである。

すなわち、右の二つの修史事業は人員と作業の内容、そしてその前後関係からみてべつべつのものとして把握するのが適切であり、一連のものとして解釈すべきではないと考えられる。

二つの修史事業？

それならばこの二つの修史事業は同時期に並行して進められたのか。

しかし、漢文・編年体による史書を東アジアの歴史世界に位置づける国家事業のさなかに（天武一〇年紀・『日本書紀』）、一方でこれとはことなった和語の王代記による史書（記序・『古事記』）を編纂する理由はいったいどこにあるのであろうか。また、稗田阿礼が帝紀・旧辞の「誦習」においてとくに優れた能力を有していたのであればそれは『日本書紀』の編纂にこそ用いられるべきものなのではないか。それなのに稗田阿礼の名は国史にはあらわれない。

限られた優秀な人材と労力を分断し、書記法（漢文／和文）も理念（律令制／氏族制）もことなる史書の編纂を政府の事業として同時に進行することはやはり考えられない。それは言ってみれば国家イデオロギーの分裂であり、律令制国家という中央集権体制を志向する七世紀後半から八世紀初頭の政治過程とはあわないのである。従来この問題は編纂目的や「記紀」の書物としての性格の相違、同時期の社会がもつ矛盾を想定することによって解消されてきた。それらの諸説をみてみよう。

「記紀」は両立するか？

Ａ説　公と私

もっとも一般的な理解の仕方は『古事記』は私的な宮廷の物語で『日本書紀』は公的な国家の歴史書であるというものである。たとえば、「天武王朝正当化のための私的な史書」が『古事記』で、「公的な立場から律令国家の成り立ちを記録」したのが『日本書紀』〔呉哲男二〇〇八：一二六〜二七頁〕、『古事記』は「宮廷の私的な史書」であるという理解〔溝口睦子二〇一一：五〇六頁〕。

しかし、この場合の公／私の区別については当時いったいどれほど厳密になれるのであろうか。天皇や朝廷が「公」として認識されていることは種々の同時代の史料から明らかである。そういった時代に国家（公）と宮廷（私）が明確に区別できるのであろうか。この点は率直に言って疑問である。この問題の解決策として天武や元明の個人的な意思や嗜好を持ち出すのは証明の方法としてちがう気がする。修史事業は国家プロジェクトでありそこでの歴史は共有されなければ意味はないのである。

したがって筆者は『日本書紀』が国家の公的な史書で『古事記』は宮廷の私的な史書とみる理解には賛同できない。このような考え方は「記紀」の二書を両立させることが前提であり、その意味での解釈としてはあり得ると思う。しかし、それぞれの書物の性格が「公」と「私」にふり分けられ、それが史書としてべつべつに機能していたということと同義ではない。結果としてそう解釈できるということが両書の編纂の意図を説明しているわけではないのである。

B説　編纂資料

つぎに検討するのは『古事記』が『日本書紀』の編纂資料であったという説である。ふるく津田左右吉《つだそうきち》は「古事記は資料の一つ」であり、「書紀はそれと同一の価値のある他の資料（即ち帝紀と旧辞との種々の異本）をも併《あわ》せ取り、特殊の思想と意図とを以てそれを選択取捨し」、これにその他の資料を採用して潤色を加えて構成したものであるとした〔一九四八：七三頁〕。『古事記』と「同一の価値のある」帝紀・旧辞が複数存在していたとサラリと言うあたりはやはり炯眼であり、さきに紹介した遠藤氏とおなじ立場である。

下鶴隆氏は口承の言葉・伝承を「フルコト」として『古事記《フルコトノフミ》』はこれを伝えるもので

あり、『日本書紀』の根本資料を整理するために編纂されたと考えた〔前掲下鶴二〇一三〕。また、松本直樹氏は『日本書紀』編纂者の目の前には『古事記』があり、それは書紀にとって「言外の『一書』」であってお互いが補いあう関係だとした〔松本直樹二〇一一〕。『日本書紀』編纂のための意図的な作成かどうかは見解が分かれるが、いずれも『古事記』が書紀の編纂資料となったという理解である。この説については顕宗段以降で系譜しか語らない『古事記』の完成度の低さに対する疑問が解消されるという利点もある。

しかし、『古事記』が書紀の編纂資料として計画的に作成されたとする下鶴氏はともかく、津田と松本氏の説では『古事記』本文の成立事情がみえてこない。何らかの理由で作成された『古事記』を書紀の編纂者が利用したというところまでは理解できるが、『古事記』がいつどのようにして誰の手によって編纂されたかは分からないままである。また、下鶴氏の理解に立った場合は「記紀」の内容のちがいが気になる。『日本書紀』の趣旨から照らしてみればそれとはあまりにもことなる『古事記』がその直接的な編纂資料であったとは考えにくいのである。

C説　書紀への対抗

三つ目は『古事記』が『日本書紀』に対抗して編纂されたとする説である。川副武胤は「天武天皇を中心に、唐に対する対抗意識に燃えるグループ」が「唐文化を凌駕する固有の文化と価値の体系の模索と構築のために」

『古事記』が撰述されたとみた。それをなしえたのは「天武側近のある天才」であるという〔川副武胤一九七八：三〜四頁〕。山田孝雄も『古事記』を天武朝の政治動向に対する反動的な保守政策とみており、時代背景や動機の設定はだいたいおなじである〔前掲山田一九三五〕。金井清一氏も『古事記』と『日本書紀』とのあいだに対抗関係をみている〔金井清一　二〇一一〕。相克する二つの史書の誕生のドラマとしては魅力的な対立軸の設定である。

また、神野志隆光氏は『古事記』における天皇の崩御年の干支月日が『日本書紀』とすべて一致しないことをもって「『古事記』は『日本書紀』に対抗するものであろうとしている」とし、「『日本書紀』とは別な「歴史」であることを主張した」とした〔神野志隆光二〇〇七：一一六頁〕。記・紀の崩御年干支が一致しないことについては両書の趣旨の違いではなく編纂資料の問題としてとらえるべきだと思うが〔本書四二頁〕、『古事記』と『日本書紀』が対抗関係にあるという理解は「記紀」という一括した概念を批判しつづけた神野志氏らしい見方である。

しかし、これらがそのまま両書の成立の経緯につながるわけではない。その対抗する要素を誰がどのように担ったのか、ということの説明が必要なのである。書物としてのちがいは分かるが、そのちがいを生み出した社会的な背景のほうが歴史学ではより重要である。

また、対外関係の緊張が継続するなかで当時の朝廷がそのような内部の対立を史書として具現化する意図も不明である。両書の内容の説明としてはともかく、その編纂の動機と並立の意味を右のような対抗関係で理解するわけにはいかない。

石母田正のC説

最後に「記紀」の対立に関する石母田正《いしもだしょう》の理解をみてみたい。あの石母田も「記紀」の「性格または機能の相違」に着目する。そして、「古事記における皇室を頂点とする整然たる諸氏族の血族的ヒエラルヒーの創造が、この時代の特徴的な状況と矛盾を克服しようとする天武天皇のデスポットのたたかいの表現」であるとする〔石母田正一九七三：一八一〜八二頁〕。そして、一方の『日本書紀』については中国や朝鮮を意識して律令制的な国家体制を表現していると意義づける。「記紀」は「両書が解決しようとした矛盾の質と段階の相違によってその成立過程も性格もおのずからちがわざるを得なかった」のである。

右は天武《てんむ》朝（七世紀後半）と元明《げんめい》朝（八世紀前半）の時代背景に『古事記』と『日本書紀』の形式や内容をあてはめたものであり、かの石母田正の言うことだけについ惹《ひ》きこまれてしまう。しかし、天武朝には飛鳥浄御原令《あすかきよみはらりょう》の編纂が始まっており、律令制国家の建設はすでに本格化している。また、作業段階の時代の差異性を認めるにしても実際の完成は『古事記』（七一二年）と『日本書紀』（七二〇年）でたった八年しかちがわない。そうなると、石母田の時代認識にもとづいた右の見解は急に色あせてしまう。また、石母田は自身の一流の文章表現のなかで天武天皇という個人を方便にしている。『古事記』の成立にとって、天武天皇の「意志」という要素ほど直接的で具体的な要素はないだろう」と述べ、その「意志」が時代の矛盾と一体化していると石母田は説明する。個人の思考が時代を反映しているという記述はいかにも石母田らしいが、はっきり言うと納得はいかない。その実証がともなっていないからである。

あれほど堅牢で透徹した古代国家の理論を打ちたてた石母田正ですら『古事記』に関しては天武という個性を持ちださなければ説明できていない。『古事記』は古代国家史の流れには乗らないのである。

「記紀」並立の是非

以上の諸説ではA説がもっともオーソドックスな理解である。B説は『古事記』の書記法（和文）や完成度の低さを『日本書紀』との関係でとらえたもの。C説は「記紀」の差異性を重視した理解ということになる。

これを二つに分ければ「記紀」の両立を肯定的、積極的に認めるのがA・B説、その対立性・対照性を重視したのがC説ということになる。「記紀」の両立を認める通説においてもその評価のベクトルはことなっておりこの点は注意すべきである。

それにしても最後のC説はきわどいと思う。律令制国家の建設に邁進している時期になぜ支配者層の分裂を誘発しかねない『古事記』を編纂しなければならなかったのか。そのエネルギーは矛盾を解消する制度の構築やその趣旨を組みこんだ『日本書紀』の編纂にこそ向けるべきではなかったのか。

「記紀」の編纂目的が氏族制と律令制の両立、あるいはその矛盾の解消であっても、両書の存在自体に互いの趣旨を相殺する反作用があることは否定できない。両立が必要なのであれば『日本書紀』が何度も講書されるのになぜ『古事記』はその第三のサブテキストに過ぎないのか。「記紀」の役割を分離してその両立を強調すればするほど『古事記』が講書されないことに対する謎は深まっていく。

したがって、いくら『古事記』と『日本書紀』の差異を微細かつ精緻に強調できてもそれのみで「記紀」が両立する必然性を証明していることにはならない。モノとしてまったく同一でない限り、あたり前だがそのちがいは必ずみつかる。問題はそのちがいを認めたまま二つの史書を同時に編纂、存立させる歴史的な意味があるのか、ということになる。それがこれまでの諸説では説明しきれていない。

したがって筆者は『古事記』と『日本書紀』は両立しないと考える。べつな言い方をすると天武一〇年紀と「記序」のどちらかが史料として嘘をついているということである。では、どちらを疑うべきなのであろうか。

序文と本文の関係

作品論と史料論

国文学や国語学の分野では序文は本文と一体化して読みとくものであるという考え方が主流である〔西郷信綱一九七三・西宮一民一九七九〕。そうすると序文に対する種々の疑問は本文のもつ力によって解消される。しかしいっぽうで、問題のある序文をいったん切りはなしてから本文を考えるべきであるという立場もある〔篠川賢二〇〇六〕。前者の立場を作品論、後者の立場を史料論と言うことができるだろう。

『古事記』という一つの文学作品を読む行為としては前者でよいのだろうと思う。しかし歴史学においてもっとも大切な作業は〝史料批判〟である。すなわち、その史料がそのまま事実を伝えているかどうか、その成り立ちまでふくめていったん疑ってかかる姿勢である。作品論には基本的にその視点がない。ない、と言うよりそもそも必要ではない。文学に必要なのは物語《ストーリー》（文章）であって史実ではない。そこに表現されている内容が事実であるかどうかということは問題にはならないのである。ところが、歴史学の研究者が第一に考えるのは歴史上の事実（史実）である。この立場のちがいはとても大きい。

ここでは後者、すなわち史料論の立場から本文と序文を切りはなして考えていきたい。表3（本書一六五頁）でいうⓕの疑問を史料のうえで考えてみたいのである。理由は以下に述べる序文と本文の距離感にある。

序文の考察

「記序」は第一段〜第三段に分けることができる（巻末史料参照）。『古事記』には『日本書紀』にない出雲神話が記されており、それがその大きな特徴のひとつとなっている。しかし、序文の第一段はその出雲神話にはまったく言及せず、神武・崇神・仁徳・成務ら天皇の事績をその名もあげずに列記していく。その文章内容はむしろ『日本書紀』的な国制史の要約であり、神々による世界の創造とこれを演出する歌謡を中心に展開する『古事記』本文とは大きく趣旨をことにしている。

また、天地の形成について「記序」では、混沌としたとらえようのない世界が、

乾坤《あめつち》初めて分れて、参神《みはしらのかみ》、造化《よろづのもの》の首《はじめ》となれり。陰陽ここに開けて、二霊《ふたはしらのかみ》、群品《もろもろのもの》の祖《おや》となりき。

というように語られる。「参神《みはしらのかみ》」は天之御中主神《あめのみなかぬしのかみ》・高御産巣日神《たかみむすひのかみ》・神産巣日神《かみむすひのかみ》、「二霊《ふたはしらのかみ》」は伊弉諾《いざなぎ》・伊弉冉《いざなみ》のことである。ちなみに、『日本書紀』では「古《いにしえ》に天地未《いま》だ剖《わか》れず。陰陽分れず渾沌《こんとん》にして鶏子《とりのこ》の如く、溟涬《めいけい》にして牙《きざし》を含めり。」という書き出しである。ともに陰陽論によって説明されていることが共通している。

しかし、肝心の『古事記』本文では、

天地初めて発《あらわ》れし時に、高天原《たかまがはら》に成れる神の名は天之御中主神《あめのみなかぬしのかみ》。次に高御産巣日神《たかみむすひのかみ》。次に神産巣日神《かみむすひのかみ》。

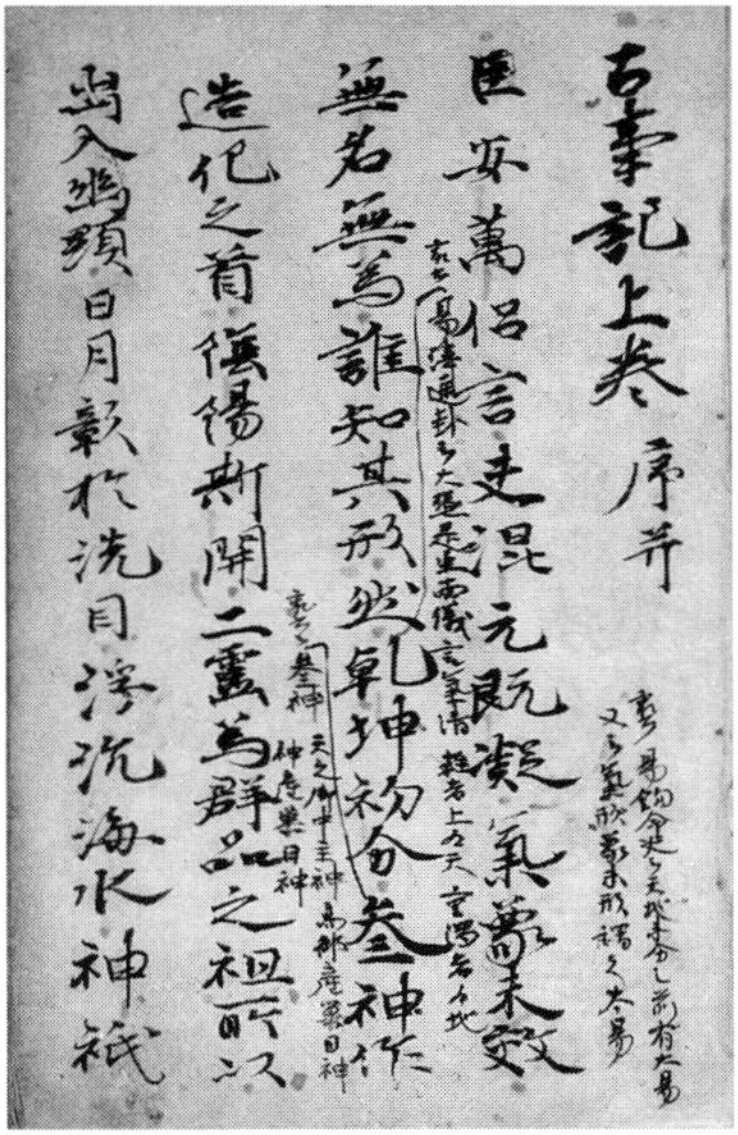
古事記上巻　序并
臣安萬侶言夫混元既凝氣象未效
無名無為誰知其形然乾坤初分参神作
造化之首陰陽斯開二靈為群品之祖所以
出入幽顕日月彰於洗目浮沈海水神祇

図22　古事記序文（道果本，天理大学附属天理図書館所蔵）

と陰陽論にふれることがない。さきの国制史的な記述もそうだが「記序」第一段はその本文よりもむしろ『日本書紀』をベースにしている感じがする。

第二段は『古事記』編纂の起点となった天武天皇を称える内容である。『古事記』という一書の成り立ちとその権威を説く文章としては不審を感じないが、天武が稗田阿礼と太安万侶に命じた作業内容そのものについてはさきに述べたような疑問がある。

さらに序文全体を見わたせば、本文で使い分けられた「神」「天皇」「命」「宮」などの用語の法則が無視されており、本文と序文の作者は別人とする意見がある〔川副武胤一九七七・一九七八〕。コンピューターで複数の文字の相関性を分析してもその可能性があるという〔松田信彦二〇一二〕。すなわち、序文と本文は内容的にも史料的にも大きなへだたりがあり、両者の関係を序文の記すままに受けとるわけにはいかない。

本文の史料性

その本文の成立過程もけっして一様ではない。たとえば、漢字の音を読みに利用したことを示す「以音注」に統一性はなく、その施注や編纂作業には複数の編者がかかわった可能性が高い〔木田章義一九八三〕。また、その音韻に関しても複数の先行文献が混在していることが指摘されている〔犬飼隆二〇〇五〕。いっぽう書記法については和文と漢文の違いが大きく、複数の資料を継ぎはぎしたような箇所が見受けられるという〔小谷博泰二〇一八〕。

『古事記』本文においては音読法や施注法、表記法などさまざまな面において不統一や未整理が散見されるのである。そして、これら個別の要素の多様性にくわえて、本文全体の成立過程についても複数の段階が想定されている。神田秀夫は音訓と字句の分布状況から本文の編纂過程が古層（敏達朝前後）・飛鳥層（舒明朝前後）・白鳳層（元明朝）の三段階に分けることができるとした〔神田秀夫一九五九〕。また、『古事記』に後宮の伝承的性格をみる三谷栄一は持統《じとう》・元明という二人の女帝のことなる時期を本文形成の契機として重視し〔三谷栄一　一九八〇〕、金井清一氏は天武朝から持統朝・文武《もんむ》朝にかけての追補作業を想定している〔金井清一　一九八二〕。

これらの諸説をかえりみて言えることは、時期設定や区分はそれぞれの見地によるが『古事記』本文は複数の段階をへて完成した可能性が高いということである。

天才二人の作業

「記序」によれば稗田阿礼が「誦習」した帝紀・旧辞を太安万侶が「撰録」して本文が成立している。しかし、さきにみた『古事記』本文の史料上の多様性はそれなりの斉一性をもつはずの稗田阿礼の「誦習」や太安万侶の「撰録」をうかがわせるものではない。

わずか四ヵ月の間に行われた太安万侶の「撰録」については、天武朝に成立していた原型に序文を加えて音注・訓注を施したに過ぎない、またはこれらの資料群を形式的に整理したに過ぎないと解釈するのが一般的である。短期間での作業ならばさきのような特徴もありうるということだろう。しかし、その施注作業自体にもさきのようなバラつきがあるのである。

そして、なぜ天武朝で原型となる記録や資料群がそのまま放置されたのか、どうしてそれが持統朝や文武朝でなく元明朝で完成にいたったのか、という二つの疑問が生まれる。わずか四ヵ月で完成する『古事記』の編纂事業はなぜ四〇年間以上も放っておかれたのか。四ヵ月という短期間の作業の合理性を高めようとすればするほど天武朝の修史事業が未完成に終わった理由がみえなくなっていく。

つまり序文の説く作業工程は『古事記』本文からうかがえるその史料性とは合致しない。よりストレートに言えば複数の文献資料と種々の編纂段階が想定される『古事記』本文が「稗田阿礼」と「太安万侶」という二人の天才の個人技で完成したとみなすことはできないのである。

序文の〝偽作〟

第一に『古事記』序文が天武一〇年紀と両立しないこと、第二に序文の内容と『古事記』本文の趣旨が一致しないこと、第三に序文の示す作業内容と『古事記』本文の史料性が合致しないこと。この三点をもって筆者は『古事記』の序文が〝偽作〟であると考える。では序文を〝偽作〟として切りはなした場合にその本文はどのように理解したらよいのであろうか。その史料読解の要諦は下巻の最後の最後、つぎにかかげる推古段にある。

妹《いも》、豊御食炊屋比売命《とよみけかしきやひめのみこと》［推古］、小治田宮《おはりだのみや》に坐《いま》して天下を治《し》らしめること三十七歳《とせ》。〈戊子年の三月十五日、癸丑の日に崩《かみあが》りましき。〉御陵は大野岡の上に在《あ》り。後に科長《しながの》大陵に遷《うつ》しき。

『古事記』の掉尾《とうび》をかざるはずの推古段はその統治年数と宮・陵墓の所在地を記すのみでおどろくほどシンプルである。『古事記』が未完成と言われる理由の一つはここにある。しかし、この推古段の記述をみれば顕宗段で途切れる旧辞に対して帝紀が最後まで一貫していることが分かる。

それ以前の多彩な神話や歌謡は文学としてたしかに特筆すべきであるが史料としての『古事記』はまぎれもなく帝紀である。『古事記』が帝紀であればその系譜部分に対する分析こそが同書の史料としての本質を理解することにつながるはずである。

『古事記』の系譜記事

系譜の特徴　ここで『古事記』の系譜記事をできるだけ客観的に考えるために『日本書紀』との比較をこころみたい。一つの史料に対する内的な分析はそれ自体で自己完結することが約束されており、基礎作業として重要ではあるがそれで終わってしまってはそのさきの展開がない。『古事記』を内部から分析するのではなく、序文と同様にこれを外部からみてみたいのである。

『日本書紀』と比較したときに『古事記』の系譜記事で注目されるのはつぎの二点である。

Ａ　収録している氏族系譜が多くその統一性が高い。

Ｂ　母系の系譜を重視している。

Aについてはふるく梅沢伊勢三の分析がある〔梅沢伊勢三 一九六二〕。すなわち、『日本書紀』三〇巻がその出自・由来を語る氏族が一一〇氏であるのに対して『古事記』三巻は二〇一氏を数える。一巻あたりの収録率でいえば『古事記』は『日本書紀』の二〇倍弱であり、くわえて一祖多氏型の系譜が多い。これには現存しない『日本書紀』の「系図一巻」の存在にも留意する必要があるが、数的にも内容的にも記・紀は氏族系譜の収録に関してはことなる方針であったと言ってよい。

Bについては三浦佑之氏の分析がある〔三浦佑之 一九九八〕。すなわち、「日子坐王《ひこいますのみこ》」系譜でサホビコ・サホビメの出自が母方の系譜で語られること〔開化《かいか》段〕、『日本書紀』にはみられない后妃本人を氏族の「祖」とする事例があることである〔綏靖《すいぜい》段・懿徳《いとく》段・崇《す》神《じん》段・継体段〕。また、三浦氏とは逆に真書説に立つ矢嶋泉氏も『古事記』の母系を基調とするこのような記述方法に着目している〔矢嶋泉二〇〇二〕。

ここでは右の二つの系譜記事の特徴を中心にして『古事記』本文の史料性に迫ってみたい。さきにかかげた順番とは逆になるが、まず『上宮記』の章ですでにふれている母系系譜から検討してみたい。

継体の母系系譜

最初に継体天皇の母系系譜からみてみよう。『日本書紀』継体即位前紀には「母は振媛《ふりひめ》と曰う。振媛、活目天皇《いくめのすめらみこと》〔垂仁《すいにん》〕七世の孫なり」

と、「振媛」という母の名とその系譜について語られている。『釈日本紀』所引『上宮記』一云ではさらに詳細に「伊久牟尼利比古大王《いくむにりひこのおおきみ》［垂仁天皇］—伊波都久和希《いはつくわけ》—伊波智和希《いはちわけ》—伊波己里和気《いはこりわけ》—麻和加介《まわかけ》—阿加波智君《あかはちのきみ》—乎波智君《おはちのきみ》—布利比弥命《ふりひめのみこと》」という系譜が記されている（本書一一四頁）。ところが前に述べたとおり『古事記』継体段では母の名やその系譜についてはまったく言及がない（巻末史料参照）。『日本書紀』や『上宮記』一云に記される母系系譜が『古事記』では記されていないのである。

『上宮記』自体が中世にまで伝わっているのだから典拠となる資料がなかったわけではないだろう。その他の母系がおなじようにカットされているならまだ分かる。継体段だけが特別なのである。逆に『古事記』のほかの系譜では母系をクローズアップしている箇所がある。『日本書紀』の用明天皇の皇后に関する用明天皇元年（五八五）正月壬子条をみてみよう。なお、分注は適宜省略する。

　穴穂部間人皇女《あなほべのはしひとのひめみこ》を立てて皇后とす。是《これ》に生ませる四の男、其一は厩戸皇子と曰《い》う。

その後ひとしきり厩戸皇子、すなわち〈聖徳太子〉の異名と事績、その兄弟を語ったのちに、

　蘇我大臣稲目宿禰の女《むすめ》・石寸名《いしきな》を立てて嬪《ひん》とす。是に田目皇子《ためのみこ》を生ませり。

と記述している。『日本書紀』は用明の后妃として第一に穴穂部間人皇女、第二に蘇我石

寸名をかかげているのである。ちなみに『上宮聖徳法王帝説』もおなじ書き方である。欽明天皇を父にもつ穴穂部間人皇女の出自や皇后（大后）という立場からみて妥当な記載順だと思われる。しかし、『古事記』用明段ではつぎのようになっている。

　この天皇［用明］、稲目宿禰大臣の女・意富芸多志比売《おおぎたしのひめ》［石寸名］を娶《めと》りて生ませる御子、多米王《ためのみこ》。また庶妹《ままいも》・間人穴太部王《はしひとのあなほべのひめみこ》を娶りて生ませる御子、上宮《かみつみや》之《の》厩戸《うまやど》豊聡《とよと》耳命《みみのみこと》［厩戸皇子］。次に久米王《くめのみこ》。次に植栗王《えくりのみこ》。次に茨田王《まんだのみこ》。（以下、略）

一行目の「意富芸多志比売」は石寸名の誤記である（日本思想大系『古事記』〈岩波書店、一九八二年〉頭注）。したがって第一に蘇我石寸名の名があげられ、穴穂部間人皇女は二番目に下げられている。つまり『日本書紀』や『上宮聖徳法王帝説』が〈聖徳太子〉の母である穴穂部間人皇女を優先する記述であるのに対して『古事記』はこれを退けて蘇我氏出身の石寸名を優先しているのである。

〈聖徳太子〉の不在

『古事記』には母系系譜を重視する特徴がある。しかし、継体段ではその母系系譜を意図的に排除しており、それを超えた政治的な意図も働いている。問題はそう単純ではないのである。そのなかで蘇我氏を優先する右の記述はどのように理解すればよいのであろうか。この蘇我氏に寄せた后妃記事に関連して注目されるのは『古事記』には『日本書紀』に顕著な〈聖徳太子〉系の記事がいっさい見られないことである。

さきに見たように〈聖徳太子〉という政治理念を表現すべき推古段の記述において『古事記』は非常に簡潔な帝紀系の事項しか記していない。右にみた用明段の后妃の記載順は蘇我氏を優先すると同時に〈聖徳太子〉の存在を後退させる意味あいもある。仏教の興隆も冠位十二階も憲法十七条も載せない『古事記』は〈聖徳太子〉の歴史を無視しているのである。

七世紀後半から八世紀初頭にかけての『日本書紀』の編纂作業では〈聖徳太子〉礼賛という政治思潮がみられる。そのような時代の風潮があるなかでおなじ権力者（朝廷）によって編纂されている『古事記』にこれがまったく反映されないのはなぜか。反映されないどころかその事績を無視、あるいは排除するかのような記述である。すくなくとも〈聖徳太子〉という存在にはまったく関心がない。

また、蘇我馬子が主体となって崇峻《すしゅん》天皇が暗殺されている事件に関しても問題がある。『日本書紀』崇峻天皇五年（五九二）一一月乙巳条では「（蘇我）馬子宿禰、（中略）すなわち東漢直駒《やまとのあやのあたいこま》をして、天皇［崇峻］を殺さしむ」と記されているが、この事件に関して『古事記』はまったく言及していない。

王の代替わりを記述する帝紀にとってこれほど重要な出来事はないと思われるが、これを黙過するのは〈聖徳太子〉系の記事がない以上に不審である。〈聖徳太子〉や崇峻暗殺に関連する記事がなくなって得をするのはいったい誰なのか。

蘇我氏の痕跡

『古事記』の皇女の記載方法には統一性はなく「○○日売命《ひめのみこと》」「○○比《ひ》売命《めのみこと》」「○○大郎女《おおいらつめ》」「○○郎女《いらつめ》」などが混在している。これは「○○皇女《ひめみこ》」で統一されている『日本書紀』とは大きく様相がことなる。ところが、『古事記』欽明段・敏達段では皇子も皇女も基本的に「王《みこ》」で統一されている〔前掲三谷一九八〇〕。

皇子・皇女をともに「王」と呼称するのは右の欽明段・敏達段以外にはなく、『古事記』のなかでも特別な用法である。その理由については欽明朝において〈欽明王統―蘇我氏〉という王族が成立したためと考えられている（一〇四頁の図18参照）。ほかとは一線を画する欽明段・敏達段の皇女の表記法は結果的に王統とむすんだ蘇我氏を特化することにつながっている。

右の系譜記事の分析以外にも蘇我氏の影響はみられる。『古事記』の通常の用字法では「葛木」と表記されるべきところが「葛城」と好字にあらためられている箇所があり〔仁徳段・履中段〕、それは蘇我馬子が「葛城臣」と称したためであると考えられている〔藤井信男一九五八〕。以上、母系系譜の分析からは蘇我氏が『古事記』において特別な意味をもっているということが言えそうである。

建内宿禰の系譜

『古事記』の氏族系譜で特徴的なのはその数の多さだけでなく、一人の始祖から多くの氏族が派生している記事、すなわち一祖多氏型の系譜が多いことである。

そのなかでとくに注目されるのが孝元段における建内宿禰《たけのうちのすくね》の系譜である。〈孝元天皇〉の皇子・建内宿禰から分かれた氏族はつぎのようになる。

波多八代宿禰《はたのやしろのすくね》	波多臣・林臣・波美臣・星川臣・淡海臣・長谷部君
許勢小柄宿禰《こせのおがらの》	許勢臣・雀部臣《さざきべの》・軽部臣
蘇賀石河宿禰《そがのいしかわの》	蘇我臣《そがのおみ》・川辺臣・田中臣・高向臣・小治田臣・桜井臣・岸田臣
平群都久宿禰《へぐりのつくの》	平群臣・佐和良臣《さわらの》・馬御樴連《うまみくいのむらじ》
木角宿禰《きのつのの》	木臣《きの》・都奴臣《つぬ》・坂本臣
葛城長江曾都毘古《かつらぎのながえのそつひこ》	玉手臣・的臣《いくはの》・生江臣《いくえの》・阿芸那臣《あぎなの》
若子宿禰《わかこの》	江野財臣《えののたからの》

この建内宿禰系譜の第三番目に「蘇賀石河宿禰」が記されており、そこから「蘇我臣」が出ている。『日本書紀』の孝元紀にこのような記述はなく『古事記』は書紀の記さない〈孝元天皇〉の系譜を採用している。

〈孝元〉は「記紀」でいうと八代目の天皇にあたる。二代〈綏靖〉から九代〈開化〉までは「記紀」において具体的な出来事の記述がなく、通常「欠史八代」と言われる。この「欠史八代」系譜が形成された時期には天武朝とそれ以前という二説があり、前者の天武朝説〔岸俊男一九六六〕はそれが天武系による皇位の父子直系継承の理念を体現させたものとみることにある。

「欠史八代」系譜

しかし、稲荷山古墳出土鉄剣銘（五世紀後半）をみても分かるように系譜はもともと直系継承の形式をとるものであり、それがそのまま血縁上の直系継承を意味するものではない。また、「欠史八代」の天皇には百歳をこえる長寿がある。これは『日本書紀』に年紀を設定する段階で天皇系譜が確定していたのでそのようにせざるを得なかったからだと考えられる。

系譜の作成時期

百歳をこえる天皇が連続することは古代人にとっても非現実的であり、系譜の作成途中であればもうすこし合理性の高いものを作成できたはずである。不自然な系譜は逆にそれがすでに確定しており、広く社会に認知されていたため改変できなかったことを示していると考えられる。

また、天皇記・国記の章でみたように六世紀の半ばで遣唐使が日本の国土や神話をスムーズに回答できている。そうであれば日本神話やこれにつづく天皇系譜はそれ以前に確定していたとみるべきである。通説では天武朝におけるイデオロギー操作を過度に重視ししており、この点については実態としても研究史的としても一歩退いて考えてみる必要がある。

筆者は「欠史八代」の系譜が天武朝以前に成立していたとする神話論からの岡田精司説〔一九七五〕に賛成であり、これに内包される建内宿禰系譜の原型も天武朝以前に成立していたと考える。

蘇我氏の関与　『古事記』における一祖多氏型の系譜は氏族制に価値をおいてこそ意味をもつ。そのなかで建内宿禰のモデルを蘇我馬子にあてる説があることは注目される〔直木孝次郎一九七五〕。また、これに関連して「欠史八代」の宮都と陵墓が蘇我氏の勢力基盤である葛城・高市地域に集中していることも興味深い。さらに中世の伝承ではあるが、「建内宿禰」の墓が同じく葛城にあることも見のがせない（『帝王編年記』仁徳記所引「一書」）。建内宿禰系譜とこれをふくむ「欠史八代」は蘇我氏との関係が深いのである。

これらのことからすれば、建内宿禰系譜は推古朝において蘇我氏の手によって形成されたと考えるのがもっとも自然なのではないか。すなわち「欠史八代」とこれに関連する一祖多氏型系譜の作成は推古朝の政治に基礎をおくものであると考えられる〔直木孝次郎一九六四・塚口義信一九八〇〕。

しかし、推古朝段階で『古事記』に記されるすべての系譜・氏祖が確定していたとまでは言えない。その後も現実の政治過程を反映した幾度かの改編がおこなわれたと思われる。そのなかで建内宿禰系譜における「蘇賀石河宿禰」の存在はやはり蘇我倉山田石川麻呂に関係するものだろう〔日野昭一九七二〕。「石河宿禰」という始祖名は稲目や馬子、蝦夷・入鹿にとくに利益をもたらすものではない。『古事記』の建内宿禰系譜はまず推古朝において蘇我馬子によってその原型が創作され、その後の蘇我倉山田石川麻呂、あるいはその子孫によって手が加えられて現在のかたちになったと考えられる。

これまでみてきたように『古事記』の系譜記事の二つの特徴である母系系譜、建内宿禰系譜（一祖多氏型系譜）に共通して言えることは蘇我氏の影響が強いということである。このことは『古事記』の史料としての性格を考えるうえで重要だと思われる。そのこと自体は今まで指摘されなかったわけではない。しかし、その気づきから『古事記』全体の考察にまで展開することはなかった。『古事記』における研究史の重厚さと聖典化されたその価値を目の前にすると、蘇我氏というダークな着眼点の落し所がみつからないのである。

いったいこの問題をどのように考えればよいのであろうか。『古事記』本文についての分析をもうすこし進めてみたい。

古代の音韻と読書環境

古代の音韻

『古事記』本文の成立年代に関しては古代国語の音韻からこれに迫った橋本進吉の仕事をかえりみる必要がある。初発表は一九三七年なので今から八〇年以上まえの研究である〔橋本進吉一九八〇〕。橋本によれば『万葉集』や『日本書紀』などにみられる奈良期の万葉仮名についてはつぎの一三の仮名に二種類の発音が認められるという。

エ、キ、ケ、コ、ソ、ト、ヌ、ヒ、ヘ、ミ、メ、ヨ、ロ

現代の私たちが一つの発音としてとらえている右の一三の万葉仮名が二種類に書きわけられているのである。〈キ〉を例にとって説明してみよう。

たとえば「雪《ユキ》」の〈キ〉には「伎」「企」などの万葉仮名が用いられて互いに融通がき

いている。また「月《ツキ》」の〈キ〉にあてる万葉仮名は「紀」「奇」のどちらでもよい。しかし、「月《ツキ》」の〈キ〉には「伎」「企」はあてず、逆に「雪《ユキ》」の〈キ〉には「紀」「奇」を用いない。「雪」の〈キ〉と「月」の〈キ〉はハッキリと分けられているのである。仮名が二つに分かれるのとあわせて、それぞれの〈キ〉を用いる語もつぎのように二つに分かれている。

「伎」「企」……雪《ユキ》・君《キミ》・昨日《キノウ》・明《アキラカ》
「紀」「奇」……月《ツキ》・槻《ツキ》・霧《キリ》

この分析の主要な典拠となった『万葉集』には周知のように多種多様な原資料があり、これを文字化していった人々は世代も地域もバラバラである。それなのに右のような法則が一貫しているということは当時における二種類の〈キ〉を認めなければならない。

これらの発音の書きわけは奈良時代の史料全般にみられ、濁音などをふくめた万葉仮名は合計八七種類になるという。つまり、奈良時代の人々は八七のちがった発音を用いており、それだけの音を聞きわけ、話したり書いたりするさいに区別していたということになる。そして、奈良時代以前にはさらにもう一つ多い八八種類の音が使われていた。その実例を示すのがほかでもない『古事記』なのである。

〈モ〉の書き分け

『古事記』の〈モ〉は甲類の「毛」と乙類の「母」の二種に分けるることができる。そして、その二種の〈モ〉は推古朝にまでさかのぼる。しかし、奈良時代になるともはやその区別は認められないという。その後、平安時代になって六八音に減少し、そこから濁音をのぞくと現代とほぼおなじ四八音になる。

橋本によれば『古事記』の〈モ〉の書きわけは「厳重」で、奈良時代や平安時代にこれを模擬できるかというと「非常に疑わしい」。自分が聞いたり、話したりしたことのない発音を正確に書きわけることはやはり困難であると思われる。

実証のたしかな国語学からの分析だけに本文が平安初期に成立したとする『古事記』偽書説は成り立たないであろう。これに対して、九世紀に生きた某天才が七世紀の古語をあやつることが出来た、という発想は歴史学の史料読解の方法からすれば適切でない。他の諸史料との整合性が認められないからである。国語学上の音韻から考えれば『古事記』本文の成立は七世紀代にまでさかのぼることが確実なのである。

しかし、これには批判もある。音韻体系が変化する期間として数十年はふつうであり、〈モ〉の書き分けが奈良時代前半にあったとしても矛盾はないとする理解である〔山口佳紀一九八〇・瀬間正之二〇一三〕。それはたしかにそうかもしれないが、矛盾しないということがそうであるということの証明にはならない。

音韻変化の数十年間というタイムラグを認めるとしても、それが『古事記』本文の七世紀での成立を否定するわけではない。時期の近接する『日本書紀』において〈モ〉の書きわけが徹底していることを考えると『古事記』だけにそのような理解をあてはめるのはちょっと苦しいと思われる。

「原古事記」の設定

さきの音韻学からの理解だけでなく、西宮一民や川副武胤など本文からみたその大体のかたちは七世紀後半に出来上がっていたというのが国文学・国語学での共通の理解である〔西宮一民一九七七・前掲川副一九七八〕。西條勉などはさらに踏みこんで天武一〇年紀における中臣大嶋と平群子首こそが『古事記』本文の執筆者であるとしている〔前掲西條一九九八〕。

そして、そのほぼ完成していた七世紀後半の『古事記』のことを「原古事記」とか「天武本古事記」という場合がある〔前掲西宮一九七七・溝口睦子一九九七〕。この「原古事記」という考え方が四ヵ月という短期間での太安万侶の編纂作業にとても都合がいい〔本書一八三〜八四頁〕。『古事記』は「原古事記」の段階でもうほとんど出来ていたので短期間で成書できたというわけである。「原古事記」という想定は序文にもとづく『古事記』の成立と本文の特徴をこれ以上ないかたちで整合化してくれるいわば〝ジョーカー〟である。

しかし、ふつうに考えたらどこかおかしい。そのような素材があったのであればなぜ『古事記』は未完成のまま放置されたのか。そのことが十分に説明されない限り、筆者はこのあまりにも便利すぎる「原古事記」「天武本古事記」という考え方には賛同できない。

図書寮の蔵書と借用

ここで、すこし目先を変えて『古事記』の存在した奈良時代の読書環境について考えてみよう。あたり前だが本は読まれるために存在する。古代における書物はいったいどのように読まれ、そして伝えられていたのだろうか。これはさきほどの「原古事記」や『古事記』そのもののあり方にも関係する。古代において朝廷の編纂した史書はどのように保管、そして利用されていたのか。単純なようで意外にむずかしい問題である。

これについて長谷部将司氏は国史の原本は図書寮に保管されたがそれ以外にも写本が作成され、それが諸司に分配されてそこからさらに二次的な写本が作成されたことを推定している〔長谷部将司二〇二〇〕。この想定はおそらくあたっている。国家を運営していく官人たちはその歴史と理念を表現した国史を熟読したことであろう。これに関連して興味深いのが『類聚三代格《るいじゅさんだいきゃく》』巻一九・禁制事におさめられた神亀五年（七二八）九月六日の勅である。

勅すらく。図書寮《ずしょりょう》において蔵《おさ》むる所の仏像および内外の典籍・書法・屛風・障子、あわせて雑《くさぐさ》の図絵等の類、一物已上《いじょう》、今より以後、親王以下および庶民に借すことを得ざれ。若《も》し奏聞せずして私《ひそか》に借りる者は、本司が違勅罪を科せ。

おどろくべきことだが、奈良時代前期には親王から庶民にいたるまで図書寮の書籍や物品を無断で借用しており、右の勅ではこれを禁止している。もしかしたら、「内外の典籍」は図書寮から持ち出されたあとに書写され、その後は倉庫に戻されたのかもしれない。しかし、そのまま庫外で某者の所有物になったものも多かったと思われる。だからこそさきの勅が出されたのである。

この無断借用を仲介したのはほかでもない図書寮の官人であろう。図書寮に勤務する官人であればその蔵書は自由に閲覧でき、かつこれを利用する能力も有している。倉庫に保管された書籍は特定のルートさえ使えば閲覧や持ち出し、そして書写や窃盗が可能だったのである。そのなかにはかつての修史事業における資料や稿本などもふくまれていたと推定される。

寺院の蔵書

古代の社会において図書寮以外に多くの書籍が保管されていたのは寺院である。たとえば肥後国《ひご》（熊本県）の浄水寺という寺院には仏書・漢籍が合計六四〇〇巻あまり所蔵されていたという（同寺・延暦九年〈七九〇〉南大門碑／図23）。寺院なので仏教関係の書籍や経典が所有されているのはあたり前だがそのほかに漢籍一般

図23　熊本県 浄水寺（文化庁 文化遺産オンラインより）

があったことが注目される。それにしても畿内の大寺院などではなく、西海道《さいかいどう》の地方寺院においても数千巻の蔵書（経典）があったことには驚かされる。

また、平安時代の比叡山《ひえいざん》（天台宗）の僧侶の学則である『山家学生式《さんげがくしょうしき》』には「一日のうち、二分は内学、一分は外学」と記されている。一日の勉強のうち三分の二は仏教関係（内学）、のこり三分の一は仏教以外（外学）を学ぶことが定められているのである。すくなくとも比叡山には「三分の一」の勉強をするのに十分な仏典以外の蔵書があったということになる。このほか石上宅嗣《いそのかみのやかつぐ》（七二九〜八一）が芸亭《うんてい》をもうけたときも「内典（仏書・経典）を助けむがために外書（仏教関係以外の書籍）を加え置く」とあり（『続日本《しょくにほん》紀《ぎ》』天応元年〈七八一〉六月辛亥条）、当時の一般書籍は仏教の補助教材として使用されていた。いつの時代でも専攻を支える隣接の学問の勉強は必要なのである。

では、それらの仏教以外の書物は具体的にどのようなものなのであろうか。空海《くうかい》（七七四〜八三五）の設置した綜芸種智院《しゅげいしゅちいん》における「外典」はつぎのようなものであった。

九経　『易《えき》』『書』『詩』『礼記《らいき》』『春秋左氏伝《しゅんじゅうさしでん》』『孝経《こうきょう》』『論語』『孟子《もうし》』『周礼《しゅらい》』

九流　『儒家』『道家《どうか》』『陰陽家《いんようか》』『法家』『名家《めいか》』『墨家《ぼっか》』『縦横家《じゅうおうか》』『雑家《ざつか》』『農家《のうか》』

三玄　『荘子《そうじ》』『老子』『周易《しゅうえき》』

三史　『史記』『漢書《かんじょ》』『後漢書《ごかんじょ》』

七略　『輯略』『六芸略《りくげい》』『諸子略《しょし》』『詩賦略』『兵書略』『術数略』『方技略』

七代　『晋書』『宋書』『斉書』『梁書』『陳書』『周書』『隋書』

想像以上に多い、と思うのは筆者だけであろうか。

貴族の蔵書

いっぽう、当時の一般の貴族はどれくらいの書籍を所有していたのであろうか。考えるヒントは意外にも犯罪者の処遇にある。養老律《ようろうりつ》においては朝廷に対して反乱を企てた場合、その反乱者の「父子、もしくは家人・資財・田宅は並びに没官《もつかん》」とある（賊盗律《ぞくとうりつ》1謀反《むへん》条）。「没官《もつかん》」とは朝廷のものとして没収するという意味で、その対象となる「資財」には書籍もふくまれる。没収された書物はその後、基本的には図書寮に回送された（『令義解《りょうのぎげ》』職員令《しきいんりょう》31贓贖司《ぞうしょくし》条）。

それら没収された犯罪者の書物はかなりの数にのぼっており、「没官の書一千六百九十三巻」を嵯峨天皇の皇子・秀良《ひでよし》親王（八一七〜九五）に賜うという記事がある（『日本後紀《にほんこうき》』天長九年〈八三二〉五月庚申条）。一六九三巻というと『日本書紀』（本文三〇巻）五六セット、『古事記』（三巻）で言えば五六四セットである。秀良親王は書物に親しんだ人物であったようでその後にも謀反を企てた橘奈良麻呂（?〜七五七）の「書四百八十余巻」を与えられている（『続日本後紀』承和元年〈八三四〉十月辛巳条）。

ここで注目したいのはその橘奈良麻呂《たちばなのならまろ》の家にあった四八〇巻という書籍の数である。

奈良麻呂は変が発覚した時点で正四位下《しょうしいのげ》の右大弁・参議であり、貴族としてはトップクラスの仲間入りをはたした、という程度の位置である（表5参照）。当時の太政官で奈良麻呂と同等以上の官位にあった貴族は一三人もおり（『公卿補任《くぎょうぶにん》』天平勝宝九年条）、それらの人びとも同程度の数の書籍を所有していたと思われる。

また、藤原房前《ふじわらのふささき》の三男・真楯《またて》（七一五～六六）は従兄弟の仲麻呂からの排撃をさけるため病と称して自宅にこもったが、そのさい「頗《すこぶ》る書籍に翫《なら》へり」と記されている（『続日本紀』天平神護二年〈七六六〉三月丁卯条）。真楯には長期の閑居にたえうる蔵書があったのである。

表5　天平勝宝9年(757)の公卿

官職	位階	名前
左大臣	正二位	藤原豊成
大納言	従二位	藤原仲麻呂
中納言	従三位	多治比広足
	従三位	紀　麻呂
権中納言	従三位	藤原永手
	従三位	石川年足
参議	従三位	大伴兄麻呂
	従三位	文室知努
	従三位	巨勢堺麻呂
	従四位上	藤原八束
	正四位下	藤原清河
※	正四位下	橘奈良麻呂
	正四位下	阿倍佐美麻呂
	正四位下	紀飯麻呂

これらからすると当時の上級貴族は数十巻から数百巻の書籍を有していたと推定される。石上宅嗣の事例なども考えると、なかには一千巻をこえる蔵書をもつ者もいたであろう。そしてもちろん、これより下位の官人もそれなりの数の蔵書は持っていたはずである。古代の貴族・官人た

ちは私たちが漠然とイメージするより多くの書物を持っていたのである。

しかし、さきにみた図書寮の蔵書の流出の事例もある。それらは綜芸種智院の「外典」のように由緒正しいものばかりとは限らなかった。

〃偽書〃の作り方

弘仁度の講書の記録である『日本書紀私記』甲本のいわゆる「弘仁私記序」にはつぎのような一文がある（新訂増補国史大系本八～九頁）。

とても興味深い内容なので読んでみよう。

「以レ馬為レ牛。
以レ羊為レ犬。」

馬を以て牛と為《な》し、羊を以て犬と為《な》す。たやすく有識の号を仮り、以て述者の名と為《な》す。〈古人および当代人の名を借りることを謂う。〉

右は『新撰姓氏録』の解説につづく文で、同書のような書物は「類に触れて夥《おびただ》し」くある、という一文のあとのものである。世の中に流布する氏族目録（系譜・史書）は馬を牛、羊を犬とするような誤りや偽りを犯している。それらは簡単に有名な人の名を借りてその著者と偽る。著者と偽るということは過去の人、現在の人の名を借用することである。

という意味になる。かなり衝撃的な一文だが、はたしてこれを信じてよいのであろうか。

しかし、史料的に考えると「弘仁私記序」が右のような嘘をつく理由はほとんどない。『日本書紀私記』甲本がそのような虚言を付載することには何の意味もないのである。また、「好事家」があらわした「古語之書」が数多くあったということはプロローグでもみたとおりである（本書五頁）。ちなみに「弘仁私記序」にはかつて偽作説もあったが現在では信頼できる史料とされている（『国史大辞典』『日本史文献解題辞典』）。これらのことを考えると「弘仁私記序」の右の部分を架空の述作として退けるわけにはいかない。「史書」史のなかでその記す意味を十分に検討するべきである。

それにしても、たやすく有名人の名を借りるという一文にはおどろかされる。でたらめな系譜や史書を勝手に作って、それを過去や現在の著名人の作として世に出すのである。それらの〝偽書〟があちこちで生み出され、その写本、派生本などもふくめてさきの貴族の蔵書の一部となっていたことは想像にかたくない。

「擬作」の文学

これに関連して中世和歌の世界の「擬作」という創作活動に注目してみたい。じつは、室町時代において古人の立場になりきって歌を詠んでその古人の名を冠する作品を公表するという行為がある。当時においてもそれを仮託と承知したうえで、その名に恥じない内容と完成度をもっていれば積極的に認めていたらしい。

小川剛生氏はこれを〝偽作〟ではなく「擬作」という概念で肯定的に評価している〔小川剛生二〇一四〕。現代の私たちからすればとうてい理解できないが、問題の関心はその作者による作品という史実ではなく、生み出された詩文の内容にあるということだろう。この点は史料論ではなく作品論の観点から理解するべきなのである。

じつは古代においてもそれと似たような行為がおこなわれていた可能性がある。犬飼隆氏は『万葉集』における「柿本人麻呂」「山部赤人」は一人の人間ではなく〝芸名〟であり、その読み手は複数いたという興味深い推論をしている〔犬飼隆二〇一七〕。両者は『万葉集』以外の八世紀までの史料にいっさいその名前が見えず、その存在が疑わしいというのである。

柿本人麻呂と山部赤人の存在自体を否定することは躊躇されるが、能力をもった彼らが開祖となり、その技能を継承してそれ相応と認められた文人の芸名が「柿本人麻呂」「山部赤人」であったという理解は認められよう。いわば歌舞伎の襲名のようなものである。このような行為が実際におこなわれていたと考えると、さきにみた「弘仁私記序」の「名を借りる」という一文もにわかに現実味を帯びてくる。

和歌の世界では私家版の作品集が作成され、それが個々に公表されて世間に流布していた。『万葉集』はそれらを合成して編纂されており、当時における書籍は朝廷の公的事業によるものだけではなく一定の文筆能力をもつ個人の営為によっても生み出されていた。そしてその『万葉集』の文芸史上の意義や作品としての秀逸さは説明するまでもない。勅撰か私撰かという区別はその作品のもつ価値とは直接関係ないのである。

その意味で右のような人々のおこなった「擬作」という行為は、むしろ伝統に立脚する前近代の創作活動として認めてよいと思われる。

〝偽書〟をつくる人びと

平安時代の後期、堀川院の旧臣の追善事業の願文を依頼もされていない大江匡房《おおえのまさふさ》（一〇四一～一一一一）が勝手に作成し、正式に依頼を受けた人物の願文とはべつに世間に流布したという信じられない実話がある。

大江匡房と言えば後三条天皇（在位：一〇六八～七三年）の親政をささえて正二位まで昇進した有能な公卿かつ儒学者・文人である。その大江匡房の常軌を逸脱した文筆活動に対して「世間の人、文狂《ふみぐるい》となすか」と藤原宗忠（一〇六二～一一四一）は書きとめている（『中右記』嘉承二年〈一一〇七〉九月二十九日条）。このように、文筆に関して異常な情熱や執着をもち、規範や常識を外れた言動をとる人物を当時は「文狂《ふみぐるい》」と呼んでいた。そしてそれは、ときとして文書をこえて書物の捏造にまで及んでいたという〔小川豊生二〇〇一〕。

またこれも信じられないが、江戸時代には国学者などによる「偽証」と「仮託」による古代文献の創出（擬古作）がおこなわれていた。自身の研究対象に対するイメージが膨張し、それを支えるだけの文献資料にめぐり逢えなかったとき、一部の古代学者は自らそれを創作しているのである。それは自己の知的願望を古代というあこがれの世界に投影する行為であり、それが学者としてのある種の自己表現でもあったという〔日野龍夫二〇〇四〕。

さきの「弘仁私記序」に記される古書・古史の〝偽作〟もあるいは右のような背景や動機からおこなわれていたと推測される。もちろん、そのような行為は「捏造」そのものであり、現在の学問倫理からすればとうてい認められるものではない。しかし、ここでの要点は前近代においてそのような〝偽書〟（擬古文献）をつくり出す行為が実際におこなわれており、それが許容されていたという事実にある。

図24　大江匡房

『先代旧事本紀』の誕生

奈良時代においても『古事記』や『日本書紀』以外に複数の

書物があり、図書寮の倉庫にも多くの書籍や記録物が眠っていた。それは令制以前の帝紀・旧辞であったり、かつての修史事業における書写資料や稿本であったり、豪族・貴族からの没収物であったり、律令制の行政文書であったり、あるいは好事家による創作であったりじつにさまざまである。そしてさきにみたように諸々の寺院や貴族も多くの書籍を所有していた。それらは歴史学の史料としてみれば玉石混交の状態であったろう。

そのような状況であれば図書寮内の倉庫にある〈一書〉に序文を添付して歴史書を創作することはそれほど困難ではなかったと思われる。ほとんど誰の目にもふれていない某書は図書寮の内外にあったのである。事実、物部氏の家記に「記紀」を剽窃して作成された〝偽書〟である『先代旧事本紀』には、推古朝の修史事業にあやかったつぎのような「序文」が付されている（部分）。

時に小治田豊浦宮に御宇《あめのしたしろしめし》し豊御食炊屋姫天皇《とよみけかしきやひめのすめらみこと》［推古］の即位し二十八年、歳《ほし》、庚辰に次《やど》る春三月の甲午の朔《ついたち》にして戊戌に摂政・上宮廐戸豊聡耳《かみつみやのうまやどのとよとみみの》聖徳太子尊、大臣・蘇我馬子宿祢等に、命じて。勅を奉《うけたまわり》て撰定せしむ。よろしく先代旧事・上古国記・神代本紀・神祇本紀・天孫本紀・天皇本紀・諸王本紀・臣連本紀・伴造国造百八十部公民本紀を録すべし。謹みて勅旨に拠りて古記に因循す。太子、儒《はかせ》となりて釈説し、次《つぎ》て録す。

しこうしていまだ修撰竟《おわら》ざるに太子薨ず。撰録の事、輟《やみ》て続かず。斯《これ》に因《よ》りて、且《かつ》て撰定する所の神皇系図一巻、先代国記・神皇本紀・臣連伴造国造本紀十巻を号して先代旧事本紀と曰《い》う。

右からは『先代旧事本紀』が〈聖徳太子〉と蘇我馬子の権威を借りてその価値を担保する様子がよく分かる。しかも、厩戸皇子の死によっていったん中断したというリアルな演出が盛りこまれており、それが『先代旧事本紀』の信憑性を高めているようにも思えてしまう。

じつは、この「序文」はすでに作成されていた本文に対してあとから追加されたものである。本文とはべつに「序文」が付されて〝偽書〟が作成された実例である。

講書での価値化

プロローグではこの『先代旧事本紀』が『日本書紀』の講書において最重要の参考書となっていることをみた。いったいどのようなプロセスをふめばさきのような〝偽書〟がそのように価値化されるのか。

これまで何度もみてきた『日本書紀私記』丁本からうかがえる講書の場は独特な雰囲気であったと思われる。講師の権威がとても強いのである。学識と官位で序列化された講書という場では、講師から一度判断が下されるとそれをそのまま受けいれざるを得ない雰囲気があったと思われる。それは一種の儀式であり、守らなければならない秩序なのである。

『先代旧事本紀』に「序文」を付して権威化した人物は矢田部公望の可能性が高い。じつは公望は物部氏の出身でその家記をわが国初の史書として位置づけることには彼自身にも利得がある。『古事記』を退けて『先代旧事本紀』を高く評価する姿勢は右の推測を裏づけるものである。延喜《えんぎ》度（九〇四〜〇六年）、承平度（九三六〜四三年）と二度の講書で講師をつとめた公望であれば、聞いている側もそうかんたんには逆らえなかったであろう。

講書は現実の利害関係を背景にさまざまな史書を政治的に序列化、価値化する場でもあった。そこで『先代旧事本紀』が「史書」史の冒頭に位置づけられ、その認識はその後も広く共有されることとなった。矢田部公望は『先代旧事本紀』という史書を打ちだすことによって自身の出自（物部氏）と立場（講書における講師）を権威化することに成功したのである。

『古事記』と天皇記・蘇我氏

『古事記』の終わり

『古事記』の本文が推古朝で完結していることはその原型となる帝紀がそこで終わっていたからである、ということは従来から指摘されていた〔武田祐吉一九五六〕。そのことと同時期の帝紀である天皇記との関係も一部で言及されてはいる〔岡田精司一九九五〕。しかし、天皇記と『古事記』の関係を深く考察した研究はない。

その原因は天皇記の内容が不明だったことにある。稗田阿礼と太安万侶の「記序」がある以上、正体不明の天皇記と権威ある『古事記』の関係はかんたんには論じられないのである。しかし、「推古朝の帝紀」である天皇記と「推古朝の帝紀」を資料とする『古事記』が無関係であるとは逆に考えられない。しかも蘇我系という特徴まで共通している。

『古事記』における系譜記事の体系性をみればその原資料が非常に高度な政治力によって統一されたことがうかがえる。そのような史書を編纂しうるのはいったいどのような政治権力なのか。それは「記序」に記されるような稗田阿礼や太安万侶の作業技術の問題におさめられるものではない。系譜の作成は権力の創造であり、それがさきの二人の見識と能力によってなされたと説明するのは次元がちがう。問題は国家の秩序や権力のあり方にかかわっているのである。

天皇記の異本

従来、このことについてたしかに指摘だけはされていた。たとえば田中嗣人氏はつぎのように言っている。

『古事記』には蘇我氏的色彩が極めて強く感じられるので、もしかすると蘇我氏によって撰述された文献（一つの可能性としては、推古紀二十八年条にみえる『天皇記』）が『古事記』撰述に深い係わりをもつのではないかと考えている。場合によれば、それが『古事記』の祖本であった可能性もある〔一九八三：五頁〕。

また、藤井信男や榎英一氏は『古事記』のもとになったのは推古朝の天皇記であるとしており〔前掲藤井一九五八・榎英一 二〇一四〕、荻原千鶴氏も『古事記』には「推古朝段階の『天皇記』の痕跡を指摘できると思う」と述べている〔荻原千鶴一九八七：一七頁〕。さらに、西條勉にはつぎのようなストレートな言葉がある。

古事記が推古朝で閉じられていることからして、この書物の資料系統が、推古朝の右の文献［関根注。天皇記・国記のこと］の流れを汲むことは誰もが自然に推測しうるにもかかわらず、従来この点はかなり控え目に論じられてきた〔前掲西條一九九八：六〇頁〕。

しかし、これらの着想が実際に考証されるまでにはいたらなかった。天皇記の実体が不明であるためそれ以上の考察を展開するわけにはいかなかったのである。

天皇記は蘇我氏による全三巻の帝紀で神代から推古朝までを古語によって記述している。循環論になってしまう年紀ナシという部分をのぞいても、さきにみた天皇記の特徴はすべて『古事記』にあてはまる。また〈聖徳太子〉系の帝紀である『上宮記』と対抗的な位置にあるという点も天皇記と『古事記』の双方に共通する特徴である。右にみた先学諸氏の発想はあたっている。『古事記』は天皇記の異本である。

ただし、『古事記』は天皇記のように「推古朝の帝紀」として完結しているわけではない。敏達段では推古のつぎに即位した舒明を「岡本宮に坐《いま》して天下《あめのした》を治《し》らしめしし天《すめら》皇《みこと》」と記述しており、すくなくとも舒明朝段階の加筆があることは確実である。音韻学の成果からは『古事記』本文が七世紀後半までに作成されたと判断されるので加筆はその頃まで継続していたのであろう。

蘇我倉山田石川麻呂

ここまで『古事記』本文が天皇記、すなわち蘇我系の帝紀であって七世紀後半までに成立したということを述べた。では、天皇記はいったいどのようにして『古事記』になったのであろうか。この謎を解くために蘇我系の帝紀、七世紀後半までの成立ということをヒントに当時の政治過程をみてみよう。

七世紀半ばに乙巳の変で滅んだのは蘇我氏本宗家の蝦夷と入鹿である。しかし、孝徳天皇・中大兄皇子側について勢力を維持した蘇我氏がいる。蘇我倉山田石川麻呂（?〜六四九）である。石川麻呂についてはさきの建内宿禰系譜において「蘇我臣」の祖である「蘇賀石河宿禰」を創出したと考えたが、この点でも十分に検討すべき人物である。

その石川麻呂は乙巳の変後に右大臣に任命されて蘇我氏全体のトップに立った（『日本書紀』孝徳即位前紀）。それは強大化した蘇我蝦夷・入鹿父子を滅ぼすことに協力した大王家からの報酬である。石川麻呂は飛鳥寺に対して山田寺を造営するなど蝦夷・入鹿とは対抗的な立場にあり、孝徳天皇や中大兄皇子らからの誘いはむしろ好都合であったろう。

これまでみてきたように、雄略朝の帝紀、推古朝の天皇記、舒明朝の『上宮記』など史書はときの権力者の思惑によってさまざまに書きかえらる。蝦夷・入鹿と対抗的な立場にあった蘇我倉山田氏がもともとあった天皇記に加筆・修正をほどこして自氏に有利なあらたな帝紀を編纂する動機と状況は十分に想定できる。

当時、それぞれの豪族には専属の語部がいたとされる〔前掲金井一九八二・木村紀子二〇一三〕。平安時代の大嘗祭においても地方の語部が活躍し、旧辞が口承で語られていたとすれば〔本書四七～四八頁〕、令制前の七世紀において氏族の由来や天皇への奉仕根源を記憶し、これを継承する彼らは健在であったとみてよい。

語部とフミヒト

蘇我氏はその配下に船史氏などのフミヒトを従えており、さきの語部が継承する口承伝承を文字化する力も備えていた。「記序」自体の史実性は疑わしいが、有力豪族が「稗田阿礼」と「太安万侶」に相当する人物を有して自分たちに有利な帝紀・旧辞を作成していたことは認められよう。それらが「古語仮名之書」などの種々の史書になっていくのである。

推古朝にすでに原型のあった建内宿禰系譜に「蘇賀石河宿禰」を付加したのは蘇我倉山田石川麻呂のもとにいる彼らのような存在であったと推測される。蘇我本宗家の家産は石川麻呂に継承された可能性もあり〔北山茂夫一九七五〕、あるいは天皇記の編纂に直接かかわった人物、またはその作業技術を継承する者がそこにいたかもしれない。

こうして、天皇記は『上宮記』につづいてまたべつの帝紀、すなわち『古事記』になっていく。しかしそれはあらたな国家体制を志向する当時の朝廷に公認される史書ではない。

図25　現在の山田寺址

あくまで蘇我倉山田氏という豪族における帝紀の異本として作成されたに過ぎなかった。それが後世にまで伝わったのはもっとも完成度の高い帝紀である天皇記の内容を継承していたからであろう。

石川麻呂の“古事記”

『古事記』の本文は蘇我倉山田石川麻呂、またはその子孫によって作成された。では、かりにこの推測があたっているとしてその帝紀はどのようにして後世に伝えられ、そして『古事記』になったのであろうか。これまでみた史書の編纂作業やその保管方法、当時の書物のあり方からつぎの二つの可能性を考えてみたい。

ひとつ目は蘇我倉山田石川麻呂の帝紀がそのまま『古事記』の本文になったとするもの

である。蘇我倉山田石川麻呂の「謀叛」が告発されたのは大化五年（六四九）の三月である（『日本書紀』大化五年三月戊辰条）。孝徳は軍を派遣して石川麻呂の邸宅を包囲したが、石川麻呂は脱出して山田寺にいた長男・興志《こごし》と合流した。興志は徹底抗戦をうったえたが石川麻呂はこれに取りあわず、山田寺の本尊の前で天皇を恨むことのないようにと願いながら首をくって妻子八人とともに死んだ（『同』同年同月己巳条）。

その後、石川麻呂の財産は通例にしたがって朝廷に没収される。そのさいにつぎのような記事がある（『日本書紀』大化五年三月是月条）。

資財の中《うち》、好《よ》き書の上には「皇太子の書」と題され、重き宝の上には「皇太子の物」と題される。

石川麻呂の所有していたもので価値のある書物には「皇太子の書」、貴重な宝には「皇太子の物」というラベル（題箋）が貼ってあったというのである。

演出が過剰なような気もするが、さきの乙巳の変では蘇我蝦夷の国記が中大兄皇子に奉献されている。この石川麻呂の好書・重宝の中大兄皇子への譲渡もおなじ文脈でとらえたほうがよい。二つの記事には蘇我氏の権威・権力を中大兄皇子が継承するという共通の趣旨がみられるからである。

石川麻呂がそのような行為におよぶ理由として二人の女である遠智娘《おちのいらつめ》、姪娘《めいのいらつめ》がそ

図26　蘇我倉山田石川麻呂と中大兄皇子の関係系図

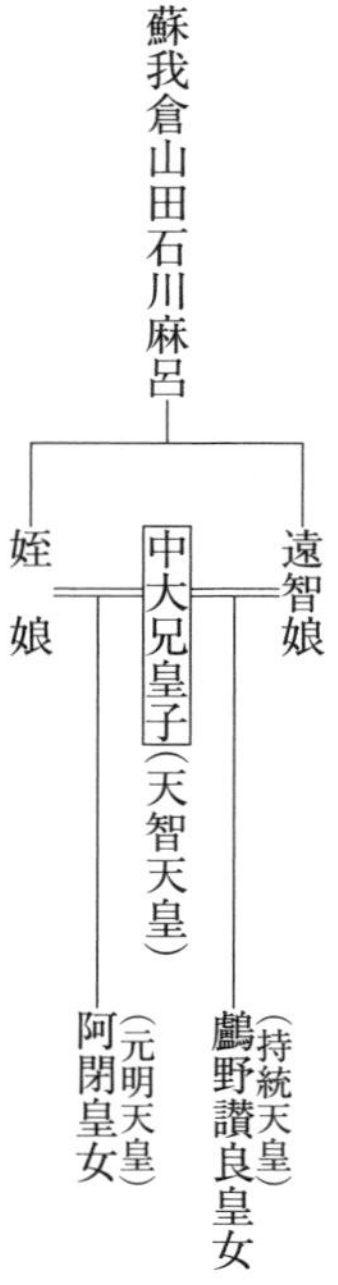

れぞれ中大兄皇子に嫁いで持統天皇（鸕野讃良皇女《うののさららのひめみこ》：六四五～七〇三）、のちに元明天皇（阿閇皇女《あへのひめみこ》：六六一～七二一）を生んでいることがあげられる（図26）。

　自身の財産を中大兄皇子に委譲することは自分の娘、ひいては孫にこれを譲渡することになる。そのような石川麻呂の意向はけっして不自然ではない。蝦夷のように自邸を炎上させなかった石川麻呂が自身の主張を盛りこんだ史書を中大兄皇子の名を借りて後世に伝えようとしたという憶測もなりたつ。

　こうして、天皇記に「石河宿禰」の名を加上した帝紀は図書寮の一角に収納されることとなり、のちにこれが『古事記』の本文になったのである。

ふたつ目は蘇我倉山田石川麻呂の帝紀がその子孫などに書写されてさらなる帝紀を生み出し、それが『古事記』の本文になったとするものである。じつはあの『万葉集』にも〝古事記〟が引用されている。

『万葉集』の〝古事記〟

『万葉集』には作品だけではなく「題詞」「左注」という歌に関する解説が付されている。題詞とは歌の導入となる背景の説明、左注とはその歌に関連する史料や考証などを記したものである。そこに〝古事記〟が登場するのである。

『万葉集』巻二の九〇番歌にはつぎのような題詞がある。

古事記に曰く。軽皇太子《かるのこうたいし》、軽太郎女《かるのおおいらつめ》を奸《おか》す。故にその太子、伊予の湯に流されき。この時に衣通王《そとおりのおおきみ》、恋慕に堪えずして追い往《ゆ》きし時に歌いて曰く

このあとに「君が行き日　長くなりぬやまたづの　迎えを行かむ　待つには待たじ」（君の旅は長くなった。迎えに行こう。いつまでも待ってはいられない）という一首がつづく。

そして、その左注に

右の一首の歌は古事記と類聚歌林《るいじゅかりん》と説く所同じからず。歌主もまた異なれり。

とある。この注記では〝古事記〟と『類聚歌林』では歌詞の一部や作者がことなっていることを指摘しているのである。編者の誠実な人がらの感じられる一文である。その後は『日本書紀』をもとに右の問題に対する考証が展開されているがここでは省略する。

また、おなじく『万葉集』巻一三の三二六三番歌の左注には、

古事記を検ずるに曰く、「件《くだん》の歌は木梨軽太子《きなしかるのひつぎのみこ》、自ら死にし時に作りし所のものなり」という。

とある。実際に『古事記』允恭《いんぎょう》段には『万葉集』とはべつの表現での右の歌がかかげられたあと、「かく歌いて、すなわち共に自ら死にたまいき」と記されている。

これらのことからすれば比較的はやい段階で〝古事記〟が『万葉集』に参照されていることになる。問題はこの場合の〝古事記〟とは何なのか、ということである。これらの〝古事記〟をめぐっては伝存する『古事記』との字句の異同を起点に論争がある〔神野志隆光一九八〇〕。

「変数」としての〝古事記〟

いずれも、当該の〝古事記〟と『古事記』『日本書紀』その他の既存の史書との関係において考察をおこなっているが、はたしてそれでよいのであろうか。かつて直木孝次郎は「古事記の内容をよく知ったうえで、自己流に書き直した書物が、平安時代から作られて」おり、「そうした書物も古事記の異本とみられ」ていたと述べている〔直木孝次郎一九八七：一四七頁〕。いま現在、私たちのみる『古事記』以外にも類書・異本としての〝古事記〟があったというのが直木の理解の肝である。

おなじ『万葉集』や『釈日本紀』『日本紀略《にほんきりやく》』などからは『日本書紀』の異本が複数存

在していたことが分かっている。その事実とこれまでみてきた史書のあり方を考えると、それは何も平安時代をまつことなく、すでにそれ以前にもおなじような状況であったとみられる。このいわば「変数」としての〝古事記〟を認めることによって古代史書の理解はいっきに広がっていく。

これからの「史書」史の考察においてはそういった未詳の某書について考慮する必要がある。〝古事記〟とは過去の出来事を記した「フルコトブミ」（史書）という普通名詞であり、それらは現在に伝わる『古事記』をふくんだ書物群であった。はるか後世の鎌倉時代以降、『日本書紀』の言説を自由に読みかえて新たな〈神話〉を創造する中世日本紀の世界が成立するが、これとおなじように古代においても私たちの想像する以上に豊かでおおらかな史書の世界があったと思われる。そのなかで〝古事記〟はいくつも存在していたのである。

『多氏古事記』　その固有名詞をもつ実例が『多氏古事記』である。鎌倉時代の僧侶・仙覚（一二〇三?～七二?）があらわした『万葉集註釈』（全二〇巻。一二六九年）の引用する「土佐国風土記逸文」と『釈日本紀』には「多氏古事記」という共通の書名がみえる。『釈日本紀』述義八・雄略からそれを引用してみよう（新訂増補国史大系一六三頁）。

多氏古事記曰《いわ》く。天皇、あるとき葛城山に猟す。向える堆《うずたか》き上に天皇の儀《さま》のごとき者あり。彼此《かれこれ》同じ容《すがた》なり。

いっぽう、『古事記』雄略段にはつぎのように記されている。

一時《あるとき》、天皇、葛城山に登り幸《い》でましし時、百官の人等《ら》、悉《ことごと》く紅《くれない》の紐《ひも》を著《つ》けたる青《あお》摺《ずり》の衣を給わりて服《き》たり。その時その向える山の尾より、山の上に登る人あり。既に天皇の鹵簿《ろぼ》（行列）に等《ひと》しく、またその装束の状《さま》、人衆《ひとのかず》、相似《あいに》て傾《かたよ》らざりき。

このあとは雄略が自身とおなじ容貌の葛城の神に対して尋問をするという広く知られたストーリー展開となる。しかし『多氏古事記』では導入が非常に簡潔であり、いっぽうの『古事記』では天皇の行列にしたがう官人の衣装にこまかく言及するなど文章としての趣がちがう。ちなみに『日本書紀』雄略天皇四年二月条では、

天皇、葛城山に猟狩《かり》す。忽《たちまち》に長《たか》き人を見る。来たりて丹谷《たんこく》（奥深い谷）に望《あいのぞ》めり。面貌《かおすがた》容儀、天皇に相似《あいに》れり。

とある。こちらのほうがむしろ『多氏古事記』の文章にちかい。

しかし、葛城の神の背の高さやその神を見つけた地形の描写など、これも『多氏古事記』や『古事記』雄略段とは様子がちがう。これら三つの文章の趣向はそれぞれことなっているのである。したがって、これら三つの文章だけで相互の資料系統や関係性を論じる

のはむずかしい。

〝古事記〟というカテゴリー

さらに言えば、現存する『古事記』を基準にしてそれ以外の〝古事記〟の真偽を判断することにもあまり意味はないように思える。そのような分析が成り立つためには今ある『古事記』が基準としての正当性をもつという証明をしなければならない。

しかし、その根拠となるものは史料として信頼性にかける「記序」のみである。そもそも、私たちが『古事記』として認識している書物もその原本ではなく、南北朝時代の真福寺本という写本である。『古事記』の「完成」からじつに六〇〇年以上がたっている。そしてその真福寺本の奥書にはそれ以前の写本で書写や校合（字句の異同の確認）がおこなわれたことが書かれており、現『古事記』以外にも複数のことなる〝古事記〟があったことが分かっている。

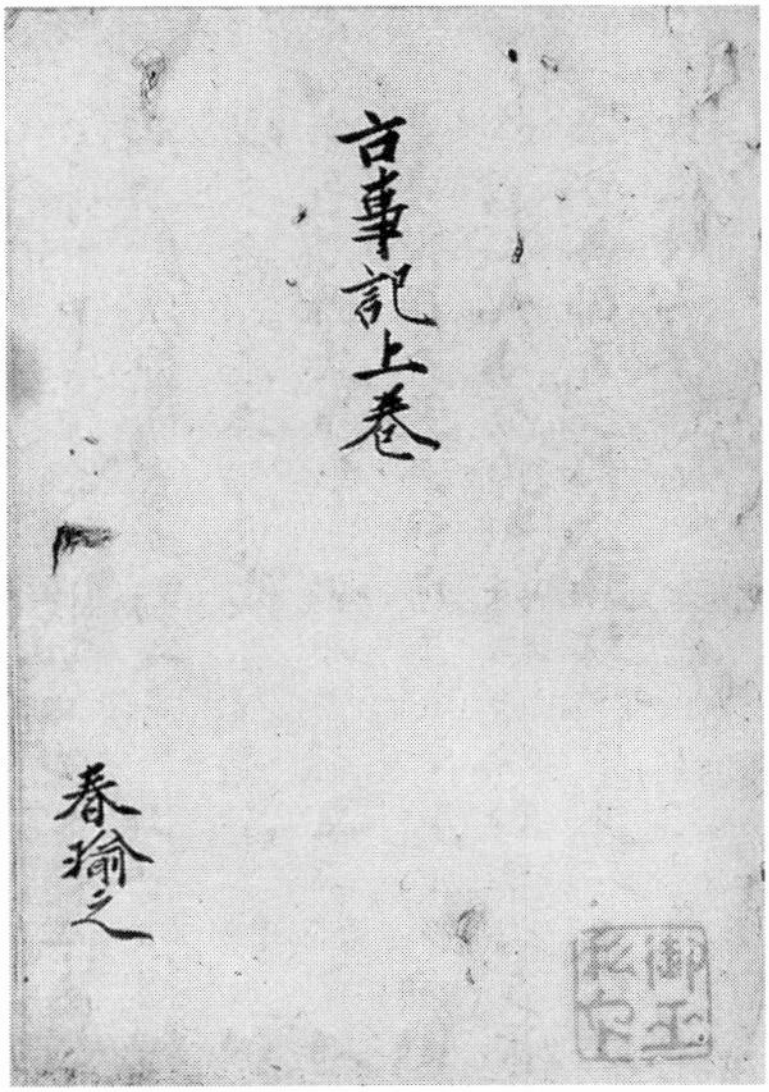

図27　神宮文庫本『古事記』
（表紙，神宮文庫所蔵）

さきの直木の発言をみても古代においてさまざまな〝古事記〟が作成されたことは認めなければならないだろう。

『古事記』の創出

弘仁度講書と多人長

平城太上天皇（七七四〜八二四）と藤原仲成《ふじわらのなかなり》（七六四〜八一〇）・薬子《くすこ》（？〜八一〇）が重祚と平城還都を企図した薬子の乱（八一〇年）が終息すると、養老以来、約九〇年ぶりに二度目の『日本書紀』の講書が企画された。弘仁度の講書である。参加者は参議従四位下紀朝臣広成、陰陽頭《おんみようのかみ》正五位下阿倍朝臣真勝ら十余人。そのさいの記録はつぎのような一文がある（『日本後紀』弘仁三年〈八一二〉六月戊子条）。

散位従五位下多朝臣人長《おおのあそんひとなが》、執《と》りて講ず。

多人長が主任講師としてこの講書をとり仕切るということである。人長の生没年は不詳だが従五位下に任命されたのはこれ以前の大同三年（八〇八）である（『日本後紀』同年一一月甲午条)。冒頭の「散位」は特定の役職についていないフリーの官人という意味で、多人長はこのとき講書という仕事に専念できる環境を与えられた。『本朝書籍目録』には「弘仁四年私記　三巻　多朝臣人長撰」とあり、この弘仁講書のさいに多人長が書いたのがこれまで何度か引用している『日本書紀私記』甲本である。この『日本書紀私記』甲本に収録されている「弘仁私記序」が『古事記』を記載している最初の史料となる。その部分を左にかかげる(新訂増補国史大系本四～五頁)。

これより先、浄御原天皇《きよみはらのすめらみこと》〔天武〕、御宇《あめのしたしろしめ》しし日、舎人《とねり》あり。姓は稗田、名は阿礼、年は廿八《にじゅうはち》。人となり謹恪にして、聞見するに聡慧《さと》し。天皇、阿礼に勅して、帝王の本記及び先代の旧辞とを習わしむ。未だ撰録せしめずして、世運《めぐ》り遷代《うつりかわ》りて、豊国成姫天皇《とよくになりひめのすめらみこと》〔元明〕、臨軒《あめのしたしろしめ》しし年、正五位上安麻呂に詔して、阿礼の誦《よ》めるところの言を撰せしむ。和銅五年正月廿八日、初めて上《たてまつ》る。その書、いわゆる古事記三巻なり。

「弘仁私記序」と太安万侶

右は「それ日本書紀は一品舎人親王・従四位下勲五等太朝臣安麻呂ら勅を奉《うけたまは》りて撰するところなり」という一文のあとにつづくものである。講書の記録である「弘仁私記序」の説明する語句は『日本書紀』だが、そこに割りこむようにして『古事記』が登場してくる。その結果、その両書に関与したことになっている太安万侶は二度もその名前が出てくる（傍線部）。このあとの文にも「親王および安麻呂ら、更にこの日本書紀三十巻并《あわ》せて帝王系図一巻を撰す」とあり、冒頭の説明を再度確認している。

この記述の目的は最初の国史である『日本書紀』の説明と権威づけであり、そこであえて『古事記』に言及する必要はない。同書に言及するぶん『日本書紀』の価値は相対的に下がってしまうからである。そのような不自然な記述はいったい何を意図しているのか。そこで気になるのはこの短い文のなかに三度も登場する太安万侶である。そのかなり強引な登場の仕方をみると「弘仁私記序」には太安万侶に対して特別な意図があったと思わざるを得ない。

そして、以前から指摘されているが「弘仁私記序」は『古事記』序文（巻末史料）と内容が近似している。もうすこしくわしくみると「記序」では『古事記』の筆録と撰進をなした太安万侶の功績が語られ、それが「弘仁私記序」では「記紀」双方の編纂に関与したとして拡大されている。その「弘仁私記序」が太安万侶の子孫である多人長によって書かれているのである。こうなってくると両者を無関係に記述されたものとみなすのはむずかしい。記事の内容を比較するとよりくわしい「記序」をもとにして「弘仁私記序」が書かれたとみられる。ではなぜ、多人長はこの二つの文章をつくり上げたのか。

多人長は弘仁度の講書のさい主任講師の立場にあり『日本書紀』を講読するためのサブテキストをさがしていた。平安京に遷都してはじめての今回の講書は奈良時代を通じて発生した音韻の変化をうけてその読み方（発音・アクセント）を再確認する必要があり、その根拠となる資料はかなり重要な役割をはたすことになる。さいわい、散位の人長にはそのためについやす時間は十分にある。

養老講書は『日本書紀』の読みの公定を目的としたものの、完成した『日本書紀』のお披露目というお祝いのムードもあった。そこから九〇年を経過した弘仁度の講書は実質的な初回と言える。その責任者としての多人長のプレッシャーは相当なものであったと思われる。人長は自身がおこなう講書を成功裏におわらせるために「古語」をよく注記して載せる〈一書〉を懸命に探したにちがいない。

『上宮記』や『大倭本紀』『仮名日本紀』などすでに『日本書紀』を訓読するための参考書はいくつかある。人長としてはこれらとおなじレベルのあらたな某書を求めていた。既知の書物ではなく、それと同等の価値をもつべつの〈一書〉を示すことができれば自身の立場を確立することができる。そこで見つけ出したのが天皇記の異本である蘇我倉山田氏系の帝紀であった。

多人長の「記序」

多人長はこの蘇我倉山田氏系の帝紀に多（太）氏を称揚する「序文」を付けてこれを弘

仁度講書で取り上げた。さきにみた「弘仁私記序」は「記序」をもとにみずからが創出した『古事記』の由来を擁護し、その信憑性を高めるために作成されたと考えられる。これによって多人長と多（太）氏の権威は大きく向上する。ときは文章経国《もんじようけいこく》思想《しそう》が学術と政治をおおっていた嵯峨天皇の時代である。その効果は絶大であったにちがいない。

　こうして蘇我倉山田石川麻呂の帝紀は「史書」史のなかで『古事記』として復活する。しかしそれは同様にして編纂された〝偽書〟である『先代旧事本紀』、または『上宮記』と同等以上のあつかいではない。『古事記』は数ある「古語仮名之書」「古語之書」「古書」の一つにすぎず、あくまで『日本書紀』を読みとくための参考書であった。その『古事記』が特別な意味をもつのは江戸時代の本居宣長以降である。

〝偽書〟だとしても

　これまで序偽作説の立場で『古事記』を論じてきた。かりにこの主張が正しいとしても、それで『古事記』の価値が変わるわけではない、と筆者は思っている。序文が偽作でも『古事記』本文の説いた世界の意味は変わらなし、稗田阿礼と太安万侶という二人の天才を欠いたとしてもその文章の価値は下がらない。天武・元明という二人の天皇の権威を借りなくても『古事記』は健在である。「記序」に書かれているとおりの編纂過程でなくとも、筆者にとって『古事記』という物語《ストーリー》は以前とまったく変わらない。

変わらないどころか真実（と筆者が思っていること）に近づいたぶん、ますます興味がわいてくる。あの神々の物語はそれ自体で完結しており、ほかの何かの権威を借りるようなものではない。だからこそ、たとえラストが唐突でそっけなくても読んでいて大きな安心感がある。『古事記』は読みおわるともう一度最初から読みたくなる。神々のじつに〝人間〟らしい生きざまと、その場の情景をまるでミュージカルのようにわき立たせる歌謡の数々。それをもう一度味わいたくなるのだ。そういう本はなかなかない。その点で『古事記』は『日本書紀』とはまったくちがう。

かつて「記紀」神話を徹底的に分析、批判した津田左右吉の研究に対して、神野志隆光氏から「津田説は『古事記』がつくった様式を、資料の問題としてなげかけて見ているにすぎ」ない、という批判がなされた（神野志隆光二〇〇七：一七七頁）。誤解をおそれずにあえて言うと、歴史学としての史書（史料）研究はそれで良いと思う。いくら無味乾燥であろうとも、ここで追究しようとしたのは『古事記』という文学の価値ではなく史書（史料）としての事実とその意味である。

憶測に憶測をかさねたが、天皇記が蘇我系の帝紀で『古事記』にもおなじ特徴がみられること、当時において「記紀」以外にも多くの史書が存在していたこと、その環境で古人に名を借りた〝偽書〟が作成されていたこと、『日本書紀』の講書では史書の価値化がおこなわれていたこと、多人長と太安万侶や「弘仁私記序」「記序」に特別な関係が見出せること、そして序文の内容が本文とさまざまな意味で合致しないこと。これらはすべて史料のうえで確認される。この史料上の事実を古代「史書」史全体にトレースしたのがこれまで記してきた筆者の『古事記』像ということになる。

しかし、それは史料解釈のわずかな可能性をつなぎあわせた一つの仮説に過ぎない。途中の選択肢は無数にある。『古事記』の政治史はまだまだこれからも続く。

そして『日本書紀』へ――エピローグ

天武の課題

即位して十年、天武天皇（?～六八六）は律令体制の整備とあわせてこれを支える国家イデオロギーを模索していた。そのために考え出された君主号が「天皇」であった。神であることを属性とする天皇号はそれまでの氏族制をもとに律令制というあらたな国制を起動するためのものであり、律令制と天皇制はおぎないあう関係にある。それは七世紀後半、白村江《はくそんこう》の敗戦（六六四年）以降の倭国の存亡の危機を回避するために支配者層の合意によってもとめられた国家体制であった。

天武はこれを将来にわたって盤石のものとするために日本国家と天皇の正当性を叙述する「国史」の編纂に着手した。これが天武一〇年（六八一）の修史事業である。それまでの帝紀・旧辞、天皇記・国記の編纂作業とちがって今回はあらたな二つの課題があった。

一つは「日本」という国家の誕生を正当化すること。もう一つはこれを東アジアの歴史世界に位置づけることである。この新規事業のはじまりを天武は大極殿《だいごくでん》という国家公権を象徴する場でそのカリスマを分与した川嶋皇子《かわしまのみこ》らに命じ、それ自体をセレモニーとしてすべての官人に印象づけた。

天武朝の修史事業

その最初の作業は「帝紀」（系譜）と「上古の諸事」を確定させることであった。天武のカリスマを制度化した「天皇」を軸に統一された国家秩序は本来、一つの物語《ストーリー》となるはずだったろう。

しかし、このときの修史事業は任命された担当者が他の業務で多忙をきわめ、その後、あいついで鬼籍に入ることによって難航した。律令制国家の建設に邁進していたこの時期は官制や税制を中心とする政治制度の構築が優先されたのである。イデオロギー政策としての国史編纂は神祇令《じんぎりょう》の作成や天皇関連の諸儀式の整備の後回しにされ、その精神的な支柱であった天武《てんむ》の急死（六八六年）によってストップしてしまう。

その後、持統《じとう》天皇（称制：六八六年〜、在位：六九〇〜九七年）、文武《もんむ》天皇（在位：六九七〜七〇七年）と皇位は継承されるが、日々の官人の政務は飛鳥浄御原令《あすかきよみはらりょう》（六八九年）・大宝律令（七〇一年）をもとにした体制づくりに忙殺された。それでも国史の編纂事業は「国史を監修す」（養老職員令3中務省条）という中務省《なかつかさ》の通常業務の範囲内でほそぼそと継続されていたと思われる。そして都は藤原京から平城京に遷り、元明《げんめい》天皇（在位：七〇七〜一五年）の奈良時代が始まる。

奈良朝の国史編纂

建設されたばかりの平城宮内の図書寮《ずしょりょう》の倉庫にはこれまで編纂された帝紀・旧辞や史書の草稿、寺院や諸豪族から提出された帝紀や氏族系譜、記録などがいちおう種類別、年代別に収められていた。そのなかにはいつ誰が書いたか分からない正体不明の記録や書籍も数多くふくまれている。図書寮にはそれらの史書、文献、記録が混在していたのである。

日本という国家の正当性とその東アジア世界への接続は年紀がなければ達成されない。天武朝に着手された国史編纂の作業では年紀を確定させることが最重要の課題となった。くわえて、種々の帝紀・旧辞やこれまでの稿本における複数の神話や異説の取りあつかいが問題である。これを統一することは天武というカリスマをもってすれば可能であろうがすでに天武はこの世にはない。

律令制国家は法制的には天皇による専制国家であるが、その実体としては貴族制的な要素が強い。天皇制の実質がさまざまな貴族の権力を抱合して成り立っている以上、国史は彼らのもつ神話と歴史を侵害してはならない。問題は、しかしそれでも天皇を中心とした国家秩序を設定しなければならないことにあった。

和銅七年の詔

そのような事情をかかえて遅々として進まない国史編纂事業に対して、元明天皇の指示によって新規の担当者が投入された。『続日本紀《しょくにほんぎ》』和銅七年（七一四）二月戊戌条には紀清人《きのきよひと》と三宅藤麻呂《みやけのふじまろ》に詔して「国史を撰ばしむ」とある。紀清人（?～七五三）は国益《くにます》の子でこのとき従六位下。養老五年（七二一）には文章に優れた人士として元正《げんしょう》天皇（在位：七一五～二四年）に褒賞され、聖武《しょうむ》朝には文章博士に昇進。難波宮への遷都の際には平城京の留守官も務めている。文筆でもって知られ、さらに天皇家からの信頼も厚い人物であった。三宅藤麻呂（生没年不詳）はこのとき正八位下でほかに経歴はみえないが、清人と同様に漢籍にくわしく文筆に秀でた人物であったろう。

『日本書紀』の編纂者で確実に名前が分かるのはじつはこの二人と舎人《とねり》親王だけである。これ以外にも薩弘恪《さつこうかく》・続守言《しょくしゅげん》、山田御方《やまだのみかた》、陽胡真身《やこのまみ》（すべて生没年不詳）などが推定されており、おそらくあたっていると思われる。彼らは音韻や儒教・漢籍に優れた能力をもっており、首《おびと》皇太子（のちの聖武天皇）の教育係に任命されるなど王権側からの信頼も厚い。監修者である舎人親王が打ち出した編纂方針のもと、彼らはそれぞれの専門分野を生かしつつ、ジャンルや巻数などをもとに分担を決めて作業していたと考えられる。このようにして奈良時代にいたってあらたな体制で国史の編纂が始まった。それは天武というカリスマに依存しないあらたな史書の編纂であった。

「一書」の創出

『日本書紀』各巻の編纂作業のなかでもっとも重要で、かつ困難をともなったのは神代史《じんだいし》の部分である。じつに多様で複雑な神話をどのようにあつかうのか。担当者（陽胡真身《やこのまみ》とも言われる）は頭を悩ませたにちがいない。このとき、編纂者の手元には裴松之《はいしょうし》による注が書き込まれた中国の正史『三国志《さんごくし》』があった。この形式を仮借することによって異説を取りこむことはできないであろうか。それなら本文という秩序を譲らずにほかの諸説も取りこむことができる〔遠藤慶太二〇一五〕。旧辞は神話をもとにした各地の祭祀や豪族の系譜を保証するものである。律令制国家がそれらをもとにして成り立っている以上、その権威と歴史を否定するわけにはいかない。強引に統一された歴史が反発を生んだ例は『上宮記』にみることができる。反転する権力の発生を未然に防ぎ、諸豪族が納得するかたちで歴史を成立させる最適解が分注というかたちで「一書」を設定することであった。

『日本書紀』の完成

六国史の第二である『続日本紀』の養老四年（七二〇）五月癸酉条には『日本書紀』の完成がつぎのように記されている。

> 是より先、一品舎人親王、勅を奉《うけたまわり》りて『日本紀』を修《おさ》む。是にいたりて功成り、紀卅巻・系図一巻を奏上す。

ここで注目したいのは冒頭の「是より先」、つまり以前から舎人親王が国史の編纂にあたっていたことである。『日本書紀』に結実する国史の編纂作業は天武朝を契機とするが「先の勅」などと記さないことからすれば、この勅を発したのは養老四年時点での元正天皇（在位：七一五〜二四年）とみるべきである。しかし、彼女の独断だったとは考えにくい。おそらく、母である元明太上天皇の指示が背後にある。元明は孫の首皇太子（聖武天皇）への皇位継承を安定させるために国史の編纂を急がせたのである。

その元明太上天皇がこの世を去ったのは『日本書紀』が完成した翌年の養老五年一二月。叔母の元正太上天皇の後見のもと、首皇太子が聖武天皇として即位したのはさらにその三年後の神亀元年（七二四）二月である。首皇子（聖武天皇）を補佐する将来の太上天皇として元正を即位させ、退位の前年に『日本書紀』を完成させた元明は自身の孫のためにさまざまな施策を系統だてておこなっている。

講書と六国史

完成した翌年、さっそく『日本書紀』の講読会がひらかれた。倭語を漢語・漢文に変換した『日本書紀』の文章をふたたび倭語（倭音）で読もうというこころみで第一回目の講書である。漢文・編年体という当時のグローバル・スタンダードにあわせた歴史書はふたたび日本国家の史書としてローカルに読みなおされる。「日本」というアイデンティティを打ちたてた歴史が共有されるその場は祝福のムードにつつまれていただろう。柔軟な建国神話を打ちたてた『日本書紀』の価値は講書を通じて古代を貫流し、それは次第に儀礼的になりながらも平安中期まで継続される。

その一方で『続日本紀』『日本後紀《にほんこうき》』『続日本後紀』『日本文徳天皇実録《にほんもんとくてんのうじつろく》』『日本三代実《にほんさんだいじつ》録《ろく》』と国史の編纂は継続され、これらは『日本書紀』とあわせて六国史と総称される。『日本三代実録』の完成は延喜元年（九〇一）で収録された最後の天皇は光孝《こうこう》天皇（在位：八八四〜八八七年）である。その後、「続三代実録」とも呼ばれる新国史の編纂事業があるが完成にはいたらず、古代国家の史書は六国史として現在に伝わっている。

興味深いのは国史編纂の事業計画の終了と講書の終わる時期がほぼ重なっていることである。国史の編纂も『日本書紀』の講書も日本と天皇という国家イデオロギーが定着したときにその役割を終えたのである。

史書を考えること

史書を編纂するということはその集団のアイデンティティを打ちたてるということである。自己への認識と他者との区別。史書にはそれらがつまっている。それは時代が移りかわれば必要に応じて更新され、変化していく。しかし、歴史も歴史書もそれ以前の出来事と無関係ではない。

その意味で「六国史以前」がなければ六国史もない。この本でみてきた古代日本の「史書」史の歩みは『日本書紀』への道のりでもある。「日本」という国号を冠した六国史の

図28　六国史以前の史書

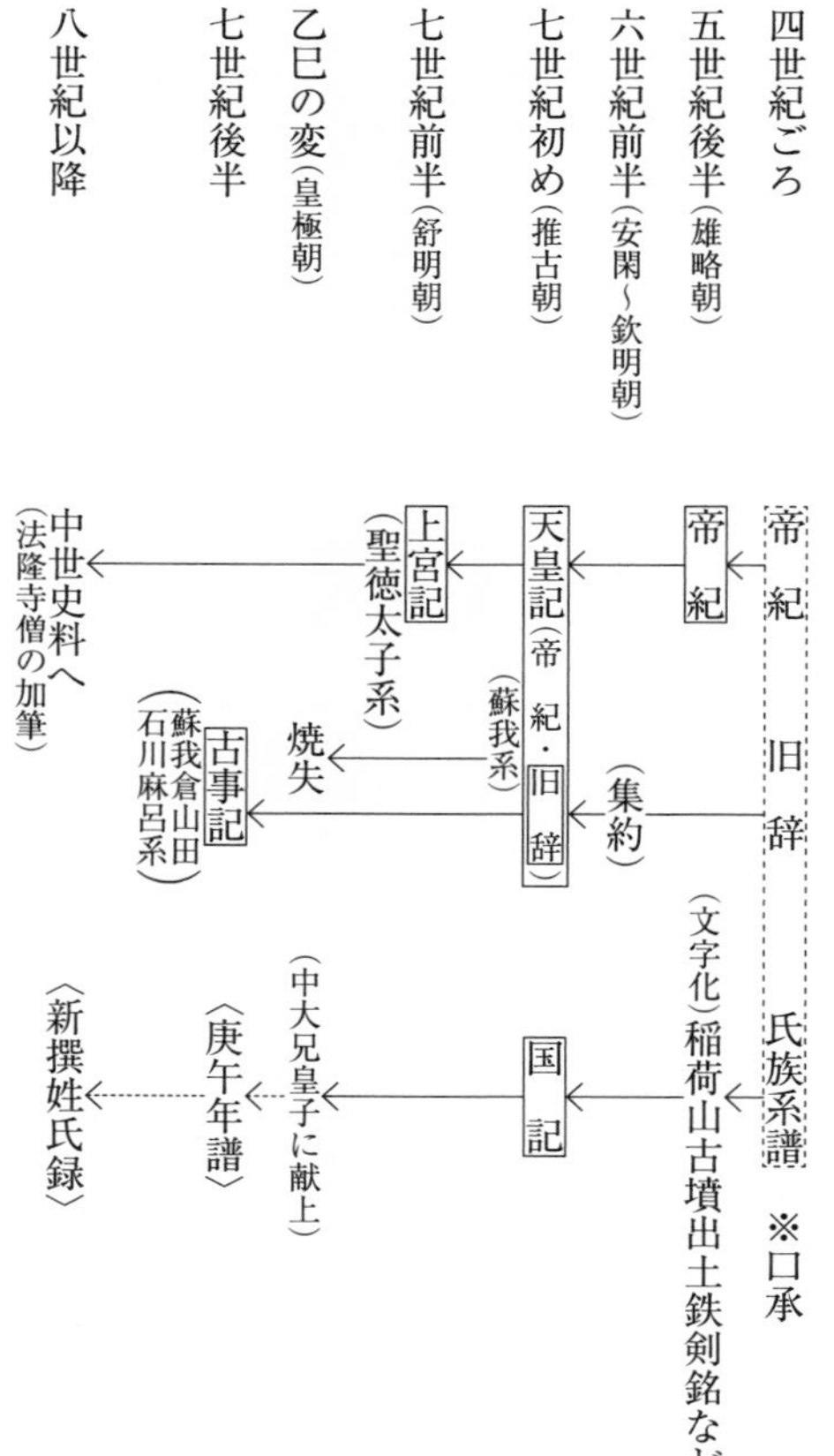

第一は現代の日本社会においていったいどのような意味をもつのであろうか。完成から一三〇〇年を経て日本という国家のあり方、グローバル化の内実が問われているいま、『日本書紀』の意義を考えることはとても大切なことだと思われる。

最後にこれまで述べた六国史以前の史書の関係を右の図にまとめる。その当否については賢明な読者の判断につつしんでゆだねたい。

あとがき

「六国史以前」という書名は坂本太郎氏の名著『六国史』（吉川弘文館、新装版一九九四年。初出一九七〇年）、そして遠藤慶太さんの好著『六国史—日本書紀に始まる古代の「正史」』（中公新書、二〇一六年）にあやかっている。この本は両書を念頭におきつつ『日本書紀』につながる六国史〝以前〟の史書の通史をえがこうとしたものである。史料が格段に少ない、というよりほとんどない時代だけにそれがはたして成功しているかどうか。お二人の輝かしい業績に迷惑のかからないようにだけはしたい。

筆者が六国史以前の史書を研究テーマとしたのには二つの理由がある。一つ目は本文でも述べた『古事記』に関する通説への疑問である。国家史の観点から言って「記紀」が両立しないことはこの本でも再三述べたが、その疑問は勤務校の授業で天平文化を説明するたびに浮かんでいる。『日本書紀』が律令国家の公的な歴史書で『古事記』が天皇家の私的な歴史書。同時期に編纂された両書のちがいはそこにある。生徒にはいつもそう説明している。しかし、そんな都合のいい解釈でほんとうによいのだろうか？　なぜ趣旨のちがう二つの歴史書が同時期に必要なのか？　三浦佑之氏の『古事記のひみつ―歴史書の成立―』（吉川弘文館、二〇〇七年）を読んで以来、その思いはますます強くなった。この本のスタートラインはそこにある。

二つ目は六国史研究という、とてつもなく大きな壁の存在である。『日本書紀』を筆頭とする膨大な研究史は言うまでもなく、巻末の参考文献でもご紹介している第一線の研究者の方々を前にして自分がこれを真正面からあつかうことは到底できない、と思った。それならば、ということで、しばらく研究が停滞していた天皇記・国記のことを調べはじめたのがきっかけである。関連史料が少なく、政治史と関連づけて考えれば何とかなりそうだと思ったのである。ところが、この考えが甘かった。天皇記・国記に言及する研究論文は思いのほか多く、当然その前後の「史書」史についても自分なりの理解がなければ論が立たない。それから「六国史以前」の勉強が本格化していった。

この本のもととなった筆者の論文は巻末に示したが、じつはそこから修正した点が二つほどある。一つは天皇記の完成を推古朝に引きあげたこと、もう一つは和銅七年（七一四）の詔を『日本書紀』の編纂と結びつけたことである。はじめ筆者は天皇記が推古朝には未完成であり、和銅七年の国史撰修の詔は『続日本紀』に結実する実録〈天皇の一代記〉の編纂であると思っていた。いずれも、その後の勉強によってやや長いスパンで「史書」史をとらえ直した結果、考えをあらためたものである。ここにお詫びと訂正をしたい。

本書の内容の半分はすでに成稿、あるいは公表していた考証論文である。しかし、もともと単発の研究論文として執筆した個別の論理のつぎはぎでは一冊の本として面白くない。そこに物語《ストーリー》がなければ読み手はたいくつだろう。また一般向けの本ではあるが、だからと言って研究水準を大きく損なうことはさけたい。そのバランスに配慮したつもりである。その苦労のいっぽうで、自分で一つの物語《ストーリー》をつくり出せるたのしみが常にあった。そのきっかけをつくって下さったのが神話学をご専門とする佛教大学の斎藤英喜先生である。

ただの古代史研究者で十分すぎる私に、「関根さん、ただの古代史〈研究者〉じゃないと思って」と、「日本書紀一三〇〇年史を問う」という研究会にお誘いいただいたのが二〇一八年のはじめである〈その研究会の成果は『日本書紀一三〇〇年史を問う』〈思文閣出版、二〇二〇年〉にまとめられた〉。それがご縁で吉川弘文館の『歴史文化ライブラリー』にご推薦をいただいた。本書をどのように書こうか悩んでいるとき、斎藤先生から「自分が面白いと思う本を書くのが一番です」というご助言をいただいた。なるほどそうか、とストンと腑に落ちた。自分が面白くなければ読み手が面白いと思うわけがない。それは学校の授業とおなじだ。その当たり前のことを教えていただき、本書執筆のきっかけを与えてくださった斎藤先生には心から感謝を申し上げたい。

いっぽう、遠藤慶太さん（皇學館大学）には草稿に目を通していただき、じつに多くの的確なご指摘を頂戴した。勝手な記述をずいぶん大目に見てもらったが、その上での誤りはもちろんすべて筆者のものである。また、細井浩志さん（活水女子大学）とは先の日本書紀の研究会やお電話などで同書を中心にさまざまなお話をさせていただいた。両氏を前にして通り一遍のものは書けない。自分を動かしていたもう一つの思いはそんなところにあった。お二人がどう思われているかは分からないが、いま自分が史書の研究を続けられているのは目標とする二つの背中がつねに前にあるからである。まことに勝手ながらこの場をかりてお礼を申し上げたい。

もちろん学恩をいただいた方はほかにも多数いらっしゃる。しかし、ここにすべて書き記すわけにはいかない。その一部の方々を巻末の参考文献であげさせていただき、今はそれでとどめておくこととする。

帝紀・旧辞と『古事記』に関して筆者は専論を書いたことがない。本書ではじめて述べる見解がほとんどであり、その考証はけっして十分ではない。この点は今後の大きな課題である。とくに『古事記』に関する記述には随所に憶測があり、これに対する批判は数多くあると思われる。本書で述べた筆者の見解はたぶん、と言うよりまちがいなく少数派である。今後は、一度立てたこの旗を降ろさずにすむように勉強をつづけていきたいと思う。

最後に、ほどよいタイミングで原稿執筆の進捗状況を確認していただき、筆者と読み手とのあいだをとりもってくれた吉川弘文館の並木隆氏にお礼を申し上げる。出版社と編集者が存在して、研究者ははじめて社会とつながることができるのである。

二〇二〇年一月一九日

生徒の海外フィールドワークを見送った羽田空港にて

関　根　　淳

○『上宮記』一云（『釈日本紀』述義九・所収）

上宮記曰。一云。凡牟都和希王、娶二洼俣那加都比古女子、名弟比売麻和加一生児、若野毛二俣王、娶二母〃思己麻和加中比売一生児、大郎子、一名、意富〃等王、妹践坂大中比弥王、弟田宮中比弥、弟布遅波良己等布斯郎女、四人也。此意富〃等王、娶二中斯知命一生児、乎非王、娶二牟義都国造、名伊自牟良君女子、名久留比売命一生児、汙斯王、娶下伊久牟尼利比古大王児、伊波都久和希児、伊波智和希児、伊波己里和気児、麻和加介児、阿加波智君児、乎波智君、娶二余奴臣祖、名阿那尒比弥一、生児、都奴牟斯君妹、布利比弥命上也。汙斯王、坐二弥乎国高嶋宮一時、聞二此布利比売命甚美女一。遣レ人召三上自二三国坂井県一、而娶所レ生、伊波礼宮治二天下一乎富等大公王也。父汙斯王崩去而後、王母布利比弥命言曰、我独持二抱王子一、在下无二親族部一之国上。唯我独難二養育〈比陁斯〉奉一之。云、尒将二下去於在レ祖三国一令レ坐二多加牟久村一也。

（田中卓「『上宮記』の校訂と解読」
著作集二『日本国家の成立と諸氏族』国書刊行会、一九八六年）

○『上宮記』下巻・注云（『聖徳太子平氏伝雑勘文』下巻三・所収）

法大王。娶二食部加多夫古臣女子名菩支々弥女郎一生児。春米女王。已乃斯重王〈字長谷部王〉。

久波侈《クハタ》女王。波等利女王。三枝《サイクサ》王。兄伊等斯古王。弟麻里古王。次馬屋女王。合七〈考七疑八〉王也。娶二巷宜汙麻古大臣女子名刀自古郎女一生兒。山尻王〈朱山背大兄王歟〉。財《タカラ》王。俾支《ヒキ》王。片岡王。四王也。娶二乎波利王女名韋那部橘王一生兒。白髪部《シラカヘ》王。手嶋《テシマノ》女王。二王也。尻大王娶二其妹舂米王一生兒。難波王。麻里古王。弓削王。作々《サヽ》女王。加布加王。乎波利王。合六王也。

弟俾支《ヒキ》娶下巷宜大野君名多利支弥女子。名中伊斯売支弥上生兒。一男二女。合三王也。

多米王〈父ハ用明。母ハ蘇我女也。〉、父天皇崩後。娶二庶母間人孔部王一生兒。佐富女王。一也。

長谷部王。娶二姨佐富女王一生兒。葛城王。多智奴女王。二王也。娶二大伴奴加之古連女子名古氏古郎女一生兒。波知乃古王。錦代王。二王也。

久米王〈傍父ハ用明。母ハ孔穂部。〉。娶下他田宮治二天下一大王女子名由波利王上生兒。男王。星河女王。佐富王。三王也。又娶二食菩支々弥女郎弟比里古女郎一生兒。高椅王也。一也。

（『大日本仏教全書』聖徳太子伝叢書一〇三〜〇四頁の系図を文章系譜に改訂）

○『古事記』序文

［第一段］

臣安万侶言。夫、混元既凝、気象未レ效。無レ名無レ為。誰知二其形一。然、乾坤初分、参神作二造化之首一、陰陽斯開、二霊為二群品之祖一。所以、出二入幽顕一、日月彰二於洗レ目、浮二沈海水一、神祇呈二於滌レ身。故、太素杳冥、因二本教一而識二孕レ土産レ嶋之時一、元始綿邈、頼二先聖一而察二生レ

神立レ人之世一。寔知、懸レ鏡吐レ珠、而百王相続、喫レ剣切レ蛇、以万神蕃息与。議二安河一而平二天下一、論二小浜一而清二国土一。是以、番仁岐命、初降二于高千嶺一、神倭天皇、経二歴于秋津嶋一。化熊出レ川、天剣獲二於高倉一、生尾遮レ径、大烏導二於吉野一。列レ儛攘レ賊、聞レ歌伏レ仇。即、覚レ夢而敬二神祇一。所以称二賢后一。望レ烟而撫二黎元一。於レ今伝二聖帝一。定レ境開レ邦、制二于近淡海一、正レ姓撰レ氏、勒二于遠飛鳥一。雖二歩驟各異、文質不一レ同、莫レ不下稽レ古以縄二風猷於既頽一、照レ今以補中典教於欲上レ絶。

[第二段]

暨下飛鳥清原大宮御二大八州一天皇御世上、潜龍体レ元、洊雷応レ期。開二夢歌一而相レ纂レ業、投二夜水一而知レ承レ基。然、天時未レ臻、蝉二蛻於南山一、人事共給、虎二歩於東国一。皇与忽駕、凌二渡山川一、六師雷震、三軍電逝。杖矛挙レ威、猛士烟起、絳旗耀レ兵、凶徒瓦解。未レ移二浹辰一、気沴自清。乃、放レ牛息レ馬、愷悌帰二於華夏一、巻レ旌戢レ戈、儛詠停二於都邑一。歳次二大梁一、月踵二夾鍾一、清原大宮、昇即二天位一。道軼二軒后一、徳跨二周王一。握二乾符一而摠二六合一、得二天統一而包二八荒一。乗二二気之正一、斉二五行之序一、設二神理一以奨レ俗、敷二英風一以弘レ国。重加、智海浩汗、潭探二上古一、心鏡煒煌、明覩二先代一。

於レ是天皇詔之、「朕聞、諸家之所レ賷帝紀及本辞、既違二正実一、多加二虚偽一。当二今之時一、不レ改二其失一、未レ経二幾年一、其旨欲レ滅。斯乃、邦家之経緯、王化之鴻基焉。故惟、撰二録帝紀一、討二覈旧辞一、削レ偽定レ実、欲レ流二後葉一。」時有二舎人一、姓稗田、名阿礼、年是廿八。為レ人聡明、度レ目誦レ口、払レ耳勒レ心。即、勅二語阿礼一、令レ誦二習帝皇日継及先代旧辞一。然、運移世異、未レ行㆓其事㆒矣。

[第三段]

伏惟、皇帝陛下、得㆑一光宅、通㆑三亭育。御㆓紫宸㆒而徳被㆓馬蹄之所㆑極、坐㆓玄扈㆒而化照㆓船頭之所㆑逮。日浮重㆑暉、雲散非㆑烟。連㆑柯并㆑穂之瑞、史不㆑絶㆑書、列㆑烽重㆑訳之貢、府無㆓空月㆒。可㆑謂㆘名高㆓文命㆒、徳冠㆗天乙㆖矣。於㆑焉、惜㆓旧辞之誤忤㆒、正㆓先紀之謬錯㆒、以㆓和銅四年九月十八日㆒、詔㆓臣安万侶㆒、撰㆓-録稗田阿礼所㆑誦之勅語旧辞㆒以献上者、謹随㆓詔旨㆒、子細採摭。然、上古之時、言意並朴、敷㆑文構㆑句、於㆑字即難。已因㆑訓述者、詞不㆑逮㆑心。全以㆑音連者、事趣更長。是以今、或一句之中、交㆓-用音訓㆒、或一事之内、全以㆑訓録。即、辞理叵㆑見、以㆑注明、意況易㆑解、更非㆑注。亦、於㆑姓日下、謂㆓玖沙訶㆒、於㆑名帯字、謂㆓多羅斯㆒、如㆑此之類、随㆑本不㆑改。大抵所㆑記者、自㆓天地開闢㆒始、以訖㆓于小治田御世㆒。故、天御中主神以下、日子波限建鵜草葺不合命以前、為㆓上巻㆒。神倭伊波礼毘古天皇以下、品陀御世以前、為㆓中巻㆒。大雀皇帝以下、小治田大宮以前、為㆓下巻㆒。并録㆓三巻㆒、謹以献上。臣安万侶、誠惶誠恐、頓首頓首。

和銅五年正月廿八日　　正五位上勲五等太朝臣安万侶

○『古事記』継体段（系譜部分）

品太王五世孫、袁本杼命、坐㆓伊波礼之玉穂宮㆒、治㆓天下㆒也。天皇、娶㆓三尾君等祖、名若比売㆒、生御子、大郎子。次出雲郎女〈二柱〉。又娶㆓尾張連等之祖、凡連之妹、目子郎女㆒、生御子、広国押建金日命。次建小広国押楯命〈二柱〉。又娶二意祁天皇之御子、手白髪命一、〈是大后也。〉生御子、天国押波流岐広庭命〈波流岐三字以レ音。一柱〉。又娶二息長真手王之女、麻組郎女一、生御子、佐佐宜郎女〈一柱〉。又娶二坂田大俣王之女、黒比売一、生御子、神前郎女。次田郎女。次白坂活日子郎女。次野郎女、亦名長目比売〈四柱〉。又娶二三尾君加多夫之妹、倭比売一、生御子、大郎女。次丸高王。次耳上王。次赤比売郎女〈四柱〉。又娶二阿倍之波延比売一、生御子、若屋郎女。次都夫良郎女。次阿豆王〈三柱〉。此天皇之御子等、并十九王〈男七、女十二〉。

参考文献

【史料】 ※旧字体・異字体は常用漢字にかえて読みや句読点を適宜あらためた。

「稲荷山古墳出土鉄剣銘」埼玉県教育委員会『稲荷山古墳出土鉄剣金象嵌銘概報』(埼玉県自治振興センター内県政情報資料室、一九七九年)

『古事記』『風土記』『日本書紀』日本古典文学大系(岩波書店)

『続日本紀』『万葉集』『三宝絵』新日本古典文学大系(岩波書店)

『日本後紀』『延喜式』訳注日本史料(集英社)

『先代旧事本紀』『続日本後紀』『公卿補任』『釈日本紀』『日本書紀私記』『類聚三代格』新訂増補国史大系(吉川弘文館)

『上宮聖徳法王帝説』『古語拾遺』(岩波文庫)

『上宮聖徳太子伝補闕記』『天寿国曼荼羅繡帳縁起勘点文』(飯田瑞穂著作集1『聖徳太子伝の研究』吉川弘文館、二〇〇〇年)

『新撰姓氏録』(佐伯有清『新撰姓氏録の研究』本文篇、吉川弘文館、一九六二年)

『新撰亀相記』(沖森卓也・佐藤信・矢嶋泉『古代氏文集』山川出版社、二〇一二年)

『太子伝玉林抄』(法隆寺編『法隆寺蔵尊英本　太子伝玉林抄』吉川弘文館、一九七三年)

『律令』日本思想大系(岩波書店)

【各章のもととなった拙稿】

「記紀」以外の古代史書――プロローグ

「「記紀」以外の古代史書―『大倭本紀』と『仮名日本紀』を中心に―」（『ヒストリア』二七二号、二〇一九年）

帝紀・旧辞と倭王権

「説話と天皇」（歴史科学協議会編『天皇・天皇制をよむ』東京大学出版会、二〇〇八年）

「古代国家の形成と史書」（『歴史評論』八〇九号、二〇一七年）

推古朝の国政と天皇記・国記

「天皇記・国記考」（『日本史研究』六〇五号、二〇一三年）

「推古朝の「国記」とその周辺」（『国史学』二一一号、二〇一三年）

「天皇記とその前後」（遠藤慶太・河内春人・関根淳・細井浩志編『日本書紀の誕生―編纂と受容の歴史―』八木書店、二〇一八年）

上宮王家の上宮記

「『上宮記』と天皇記・日本書紀」（『日本書紀研究』三三号、二〇二〇年）

古事記の政治史

「日本古代「史書」史をめぐって―三浦佑之氏著『古事記のひみつ』を読んで―」（『上智史学』五二号、二〇〇七年）

そして『日本書紀』へ――エピローグ

「成立前後の日本書紀」（山下久夫・斎藤英喜編『日本書紀一三〇〇年史を問う』思文閣出版、二〇二〇年）

【先行研究】　※とくに重要なものを掲げ、重複するものは省略した。また、天皇記・国記、上宮記の章については前掲の拙稿から適宜遡及してもらいたい。
帝紀・旧辞と倭王権
井上光貞「帝紀からみた葛城氏」（『日本古代国家の研究』岩波書店、一九六五年。初出一九五六年）
上田正昭「語部の機能と実態」（『日本古代国家論究』塙書房、一九六八年。初出一九六〇年）
大橋信弥「顕宗・仁賢朝の成立をめぐる諸問題」（『日本古代の王権と氏族』吉川弘文館、一九九六年）
岡田精司「記紀神話の成立」（『岩波講座　日本歴史』古代二、岩波書店、一九七五年）
角林文雄「『帝紀』の成立と性格」（『日本古代の政治と経済』吉川弘文館、一九八九年）
川田順造『無文字社会の歴史』（岩波現代文庫、二〇〇一年。初出一九七六年）
倉野憲司「解説」（『古事記』岩波文庫、一九六三年）
小林敏男「王朝交替説とその方法論をめぐって」（『日本古代国家形成史考』校倉書房、二〇〇六年。初出一九九〇年）
西郷信綱『古事記の世界』（岩波新書、一九六七年）
志水義夫「帝紀・旧辞の再検討」（『古事記生成の研究』おうふう、二〇〇四年。初出二〇〇一年）

下鶴　隆「帝紀とフルコト」（大阪市立大学『市大日本史』一六号、二〇一三年）
鈴木靖民「倭国と東アジア」（日本の時代史二『倭国と東アジア』吉川弘文館、二〇〇二年）
武田祐吉『古事記研究　帝紀攷』（青磁社、一九四四年）
津田左右吉『日本古典の研究』上（岩波書店、一九四八年）
直木孝次郎「『日本書紀』と史実」（新編日本古典文学全集『日本書紀』①、小学館、一九九四年）
平野邦雄『大化前代政治過程の研究』（吉川弘文館、一九八五年）
細井浩志「時間・暦と天皇」（『古代の天文異変と史書』吉川弘文館、二〇〇七年。初出二〇〇二年）
溝口睦子「系譜論からみた稲荷山古墳出土鉄剣銘文」（『十文字国文』九号、二〇〇三年）
山田孝雄『古事記序文講義』（京文社、一九三五年）
義江明子『日本古代系譜様式論』（吉川弘文館、二〇〇〇年）
和田　萃「殯の基礎的考察」（『日本古代の儀礼と祭祀・信仰』上、塙書房、一九九五年。初出一九六九年）

推古朝の国政と天皇記・国記

浅野啓介「庚午年籍と五十戸制」（『日本歴史』六九八号、二〇〇六年）
榎　英一「推古朝の「国記」について」（『日本史論叢』五号、一九七五年）
岸　俊男「日本における『戸』の源流」（『日本古代籍帳の研究』塙書房、一九七三年。初出一九六四年）
坂本太郎「日本書紀の分註について」（著作集二『古事記と日本書紀』吉川弘文館、一九八八年ａ。

初出一九五五年）
笹川尚紀「推古朝の修史に関する基礎的考察」（『日本書紀成立史攷』塙書房、二〇一六年。初出二〇一〇年）
三品彰英「紀年新考」（那珂通世著・三品彰英増補『増補　上世年紀考』養徳社、一九四八年）

上宮王家の上宮記

飯田瑞穂「「天寿国曼荼羅繡帳縁起勘点文」について」（著作集1『聖徳太子伝の研究』吉川弘文館、二〇〇〇年。初出一九六四年）
生田敦司「『上宮記』についての一考察」（龍谷大学『国史学研究』二四号、二〇〇〇年）
五味文彦『書物の中世史』（みすず書房、二〇〇三年）
榊原史子「『聖徳太子伝暦』の展開と『三宝絵』」（小島孝之・小林真由美・小峯和朗編『三宝絵を読む』吉川弘文館、二〇〇八年）
関　晃　著作集一『大化改新の研究』上（吉川弘文館、一九九六年）
武光　誠「聖徳太子作製の歴史書」（『東アジアの古代文化』五四号、一九八八年）
西田長男『日本古典の史的研究』（理想社、一九六一年）
黛　弘道「継体天皇の系譜について」（『律令国家成立史の研究』吉川弘文館、一九八二年。初出一九六八年）
水谷千秋『継体天皇と古代の王権』（和泉書院、一九九九年）
八重樫直比古「上宮王家滅亡の物語と『六度集経』」（大山誠一編『日本書紀の謎と聖徳太子』平凡社、

二〇一一年）

古事記の政治史

青木和夫「古事記撰進の事情」（『白鳳・天平の時代』吉川弘文館、二〇〇三年。初出一九九七年）

石母田正「国作りの物語についての覚書」（『日本古代国家論』第二部、岩波書店、一九七三年。初出一九五七年）

犬飼　隆『上代文字言語の研究』増補版（笠間書院、二〇〇五年）

犬飼　隆『儀式でうたうやまと歌―木簡に書き琴を奏でる―』（はなわ新書、二〇一七年）

梅沢伊勢三『記紀批判』（創文社、一九六二年）

榎　英一「古事記の素材―「国記」再論―」（犬飼隆・和田明美編『語り継ぐ古代の文字文化』青簡舎、二〇一四年）

遠藤慶太「古事記と帝紀」（前掲『日本書紀の誕生』）

岡田精司「古事記の思想」（古橋信孝・三浦佑之・森朝男編／古代文学講座10『古事記・日本書紀・風土記』勉誠社、一九九五年）

小川剛生「室町時代の文化」（『岩波講座　日本歴史』中世三、岩波書店、二〇一四年）

小川豊生「〈文狂〉の時代―院政期の宗教言説と偽書の創出」（院政期文化研究会編／院政期文化論集1『権力と文化』森話社、二〇〇一年）

荻原千鶴「女鳥王物語と春日氏后妃伝承の定着」（青木和夫先生還暦記念会編『日本古代の政治と文化』吉川弘文館、一九八七年）

金井清一「古事記序文私見」(『国語と国文』五九編一号、一九八二年)
金井清一「古事記の成立」(『国學院雑誌』一一二編一一号、二〇一一年)
川副武胤「古事記の成立」(『論集　古事記の成立』大和書房、一九七七年)
川副武胤『古事記の世界』(教育社歴史新書、一九七八年)
神田秀夫「古事記本文の三層」(『古事記の構造』明治書院、一九五九年。初出一九五八年)
岸　俊男「たまきはる内の朝臣」(『日本古代政治史研究』塙書房、一九六六年。初出一九六四年)
北山茂夫「蘇我倉山田石川麻呂の事件の一考察」(『続 万葉の世紀』東京大学出版会、一九七五年。初出一九五九年)
木田章義「古事記そのものが語る古事記の成書過程」(『萬葉』一一五号、一九八三年)
木村紀子『古事記　声語りの記』(平凡社、二〇一三年)
神野志隆光「『万葉集』に引用された『古事記』をめぐって」(『論集上代文学』一〇号、一九八〇年)
神野志隆光『漢字テキストとしての古事記』(東京大学出版会、二〇〇七年)
小谷博泰「記紀の表記と上代文字資料」(著作集三『木簡・金石文と記紀の研究』和泉書院、二〇一八。初出二〇〇三年)
呉　哲男「古事記の世界観」(三浦佑之編『古事記を読む』吉川弘文館、二〇〇八年)
西郷信綱「稗田阿礼」(『古事記研究』未来社、一九七三年。初出一九七二年)
西條　勉『古事記の文字法』(笠間書院、一九九八年)
坂本太郎「古事記の成立」(著作集二『古事記と日本書紀』吉川弘文館、一九八八年b。初出一九五

六年）
篠川　賢「史料・文献紹介　古事記」（『歴史と地理』五九五号、二〇〇六年）
瀬間正之「古事記は和銅五年に成ったか」（『上代文学』一一〇号、二〇一三年）
武田祐吉『古事記　附現代語訳』（角川文庫、一九五六年）
田中嗣人『聖徳太子信仰の成立』（吉川弘文館、一九八三年）
塚口義信「武内宿禰伝説の形成」（『神功皇后伝説の研究』創元社、一九八〇年。初出一九七一・一九七九年）
直木孝次郎「巨勢氏祖先伝承の成立過程」（『日本古代の氏族と天皇』塙書房、一九六四年。初出一九六三年）
直木孝次郎「武内宿禰伝説に関する一考察」（『飛鳥奈良時代の研究』塙書房、一九七五年。初出一九六四年）
直木孝次郎「古代　二」（史学会編／日本歴史学界の回顧と展望5『日本　古代』Ⅱ（1971～85）、山川出版社、一九八七年。初出一九七六年）
西宮一民「古事記の成立」（『論集　古事記の成立』大和書房、一九七七年）
西宮一民「解説」（新潮日本古典集成『古事記』新潮社、一九七九年）
橋本進吉『古代国語の音韻に就いて　他二篇』（岩波文庫、一九八〇年。初出一九三七年）
長谷部将司「八世紀における『日本書記』の受容」（『日本古代の記憶と典籍』八木書店、二〇二〇年。初出二〇一八年）

日野　昭「山田寺と蘇我氏」(『日本古代氏族伝承の研究』永田文昌堂、一九七一年。初出一九六五年)
日野龍夫『江戸人とユートピア』(岩波現代文庫、二〇〇四年。初出一九七七年)
藤井信男「記紀人名の用字法の比較—帝紀の成立年代について—」(『大倉山論叢』七号、一九五八年)
松田信彦「古事記筆録者についての二、三の疑い」(『国學院雑誌』一一二編一一号、二〇一一年)
松本直樹「神代記・紀の相関性について」(『国學院雑誌』一一二編一一号、二〇一一年)
三浦佑之「母系残照—記紀の婚姻系譜を読む—」(『神話と歴史叙述』若草書房、一九九八年)
三浦佑之『古事記のひみつ』(吉川弘文館、二〇〇七年)
溝口睦子「七世紀史から見た『古事記』の成立」(古事記研究体系1『古事記の成立』高科書店、一九九七年)
溝口睦子「古事記は歴史をどう変えたのか」(『国學院雑誌』一一二編一一号、二〇一一年)
三谷栄一『古事記成立の研究—後宮と神祇官の文学—』(有精堂出版、一九八〇年)
矢嶋　泉「『日本書紀』の王権」(青山学院大学文学部『紀要』四三号、二〇〇二年)
矢嶋　泉『古事記の歴史認識』(吉川弘文館、二〇〇八年)
山口佳紀「上代特殊仮名遣い研究から見て古事記偽書説は成り立つのか」(『国文学』二五編一四号、一九八〇年)

そして『日本書紀』へ——エピローグ

遠藤慶太「『日本書紀』の分註」（『日本書紀の形成と諸資料』塙書房、二〇一五年。初出二〇〇九年）

著者紹介

一九七〇年、茨城県に生まれる
一九九六年、上智大学大学院文学研究科史学専攻博士前期課程修了
現在、富士見丘中学高等学校教諭

〔主要編著書・論文〕
『日本書紀の誕生—編纂と受容の歴史—』（共編著、八木書店、二〇一八年）
「古代国家の形成と史書」（『歴史評論』八〇九号、二〇一七年）
「成立前後の日本書紀」（山下久夫・斎藤英喜編『日本書紀一三〇〇年史を問う』思文閣出版、二〇二〇年）

歴史文化ライブラリー
502

六国史以前
日本書紀への道のり

二〇二〇年（令和二）七月一日　第一刷発行

著　者　関《せき》根《ね》　淳《あつし》
発行者　吉川道郎
発行所　株式会社　吉川弘文館
東京都文京区本郷七丁目二番八号
郵便番号一一三—〇〇三三
電話〇三—三八一三—九一五一〈代表〉
振替口座〇〇一〇〇—五—二四四
http://www.yoshikawa-k.co.jp/

印刷＝株式会社 平文社
製本＝ナショナル製本協同組合
装幀＝清水良洋・高橋奈々

ISBN978-4-642-05902-2

歴史文化ライブラリー

1996.10

刊行のことば

現今の日本および国際社会は、さまざまな面で大変動の時代を迎えておりますが、近づきつつある二十一世紀は人類史の到達点として、物質的な繁栄のみならず文化や自然・社会環境を謳歌できる平和な社会でなければなりません。しかしながら高度成長・技術革新にともなう急激な変貌は「自己本位な刹那主義」の風潮を生みだし、先人が築いてきた歴史や文化に学ぶ余裕もなく、いまだ明るい人類の将来が展望できていないようにも見えます。このような状況を踏まえ、よりよい二十一世紀社会を築くために、人類誕生から現在に至る「人類の遺産・教訓」としてのあらゆる分野の歴史と文化を「歴史文化ライブラリー」として刊行することといたしました。

小社は、安政四年（一八五七）の創業以来、一貫して歴史学を中心とした専門出版社として書籍を刊行しつづけてまいりました。その経験を生かし、学問成果にもとづいた本叢書を刊行し社会的要請に応えて行きたいと考えております。

現代は、マスメディアが発達した高度情報化社会といわれますが、私どもはあくまでも活字を主体とした出版こそ、ものの本質を考える基礎と信じ、本叢書をとおして社会に訴えてまいりたいと思います。これから生まれでる一冊一冊が、それぞれの読者を知的冒険の旅へと誘い、希望に満ちた人類の未来を構築する糧となれば幸いです。

吉川弘文館

歴史文化ライブラリー

古代史

歴史文化ライブラリー

歴史文化ライブラリー

東国の南北朝動乱 北畠親房と国人——伊藤喜良
南朝の真実 忠臣という幻想——亀田俊和
中世の巨大地震——矢田俊文
大飢饉、室町社会を襲う！——清水克行
贈答と宴会の中世——盛本昌広
中世の富と権力 寄進する人びと——湯浅治久
出雲の中世 地域と国家のはざま——佐伯徳哉
中世武士の城——齋藤慎一
戦国の城の一生 つくる・壊す・蘇る——竹井英文
武田信玄——平山 優
徳川家康と武田氏 信玄・勝頼との十四年戦争——本多隆成
戦国大名毛利家の英才教育 元就・隆元・輝元と妻たち——五條小枝子
戦国大名の兵粮事情——久保健一郎
戦乱の中の情報伝達 使者がつなぐ中世京都と在地——酒井紀美
戦国時代の足利将軍——山田康弘
室町将軍の御台所 日野康子・重子・富子——田端泰子
名前と権力の中世史 室町将軍の朝廷戦略——水野智之
戦国貴族の生き残り戦略——岡野友彦
鉄砲と戦国合戦——宇田川武久
検証 長篠合戦——平山 優
織田信長と戦国の村 天下統一のための近江支配——深谷幸治
検証 本能寺の変——谷口克広
明智光秀の生涯——諏訪勝則
加藤清正 朝鮮侵略の実像——北島万次
落日の豊臣政権 秀吉の憂鬱、不穏な京都——河内将芳
豊臣秀頼——福田千鶴
ザビエルの同伴者 アンジロー 戦国時代の国際人——岸野 久
海賊たちの中世——金谷匡人
アジアのなかの戦国大名 西国の群雄と経営戦略——鹿毛敏夫
琉球王国と戦国大名 島津侵入までの半世紀——黒嶋 敏
天下統一とシルバーラッシュ 銀と戦国の流通革命——本多博之

近世史

細川忠利 ポスト戦国世代の国づくり——稲葉継陽
江戸の政権交代と武家屋敷——岩本 馨
江戸の町奉行——南 和男
江戸御留守居役 近世の外交官——笠谷和比古
大名行列を解剖する 江戸の人材派遣——根岸茂夫
江戸大名の本家と分家——野口朋隆

歴史文化ライブラリー

歴史文化ライブラリー

首都防空網と〈空都〉多摩——鈴木芳行
帝都防衛 戦争・災害・テロ——土田宏成
陸軍登戸研究所と謀略戦 科学者たちの戦争——渡辺賢二
帝国日本の技術者たち——沢井 実
〈いのち〉をめぐる近代史 堕胎から人工妊娠中絶へ——岩田重則
強制された健康 日本ファシズム下の生命と身体——藤野 豊
戦争とハンセン病——藤野 豊
「自由の国」の報道統制 大戦下の日系ジャーナリズム——水野剛也
海外戦没者の戦後史 遺骨帰還と慰霊——浜井和史
学徒出陣 戦争と青春——蜷川壽惠
特攻隊の〈故郷〉 霞ヶ浦・筑波山・北浦・鹿島灘——伊藤純郎
沖縄戦 強制された「集団自決」——林 博史
陸軍中野学校と沖縄戦 知られざる少年兵「護郷隊」——川満 彰
沖縄からの本土爆撃 米軍出撃基地の誕生——林 博史
原爆ドーム 物産陳列館から広島平和記念碑へ——頴原澄子
米軍基地の歴史 世界ネットワークの形成と展開——林 博史
沖縄米軍基地全史——野添文彬
沖縄 占領下を生き抜く 軍用地・通貨・毒ガス——川平成雄
考証 東京裁判 戦争と戦後を読み解く——宇田川幸大
昭和天皇退位論のゆくえ——冨永 望
ふたつの憲法と日本人 戦前・戦後の憲法観——川口暁弘
首都改造 東京の再開発と都市政治——源川真希
鯨を生きる 鯨人の個人史・鯨食の同時代史——赤嶺 淳
文化財報道と新聞記者——中村俊介

文化史・誌

落書きに歴史をよむ——三上喜孝
霊場の思想——佐藤弘夫
跋扈《ばっこ》する怨霊 祟りと鎮魂の日本史——山田雄司
将門伝説の歴史——樋口州男
藤原鎌足、時空をかける 変身と再生の日本史——黒田 智
変貌する清盛 『平家物語』を書きかえる——樋口大祐
空海の文字とことば——岸田知子
日本禅宗の伝説と歴史——中尾良信
殺生と往生のあいだ 中世仏教と民衆生活——苅米一志
浦島太郎の日本史——三舟隆之
〈ものまね〉の歴史 仏教・笑い・芸能——石井公成
戒名のはなし——藤井正雄
墓と葬送のゆくえ——森 謙二

歴史文化ライブラリー

- 運　慶 その人と芸術 ―― 副島弘道
- ほとけを造った人びと 止利仏師から運慶・快慶まで ―― 根立研介
- 祇園祭 祝祭の京都 ―― 川嶋將生
- 洛中洛外図屏風 つくられた〈京都〉を読み解く ―― 小島道裕
- 化粧の日本史 美意識の移りかわり ―― 山村博美
- 乱舞の中世 白拍子・乱拍子・猿楽 ―― 沖本幸子
- 神社の本殿 建築にみる神の空間 ―― 三浦正幸
- 古建築を復元する 過去と現在の架け橋 ―― 海野　聡
- 大工道具の文明史 日本・中国・ヨーロッパの建築技術 ―― 渡邉　晶
- 苗字と名前の歴史 ―― 坂田　聡
- 日本人の姓・苗字・名前 人名に刻まれた歴史 ―― 大藤　修
- 大相撲行司の世界 ―― 根間弘海
- 日本料理の歴史 ―― 熊倉功夫
- 日本の味　醤油の歴史 ―― 林　玲子・天野雅敏編
- 中世の喫茶文化 儀礼の茶から「茶の湯」へ ―― 橋本素子
- 香道の文化史 ―― 本間洋子
- 天皇の音楽史 古代・中世の帝王学 ―― 豊永聡美
- 流行歌の誕生 「カチューシャの唄」とその時代 ―― 永嶺重敏
- 話し言葉の日本史 ―― 野村剛史
- 柳宗悦と民藝の現在 ―― 松井　健
- 遊牧という文化 移動の生活戦略 ―― 松井　健
- マザーグースと日本人 ―― 鷲津名都江
- たたら製鉄の歴史 ―― 角田徳幸
- 金属が語る日本史 銭貨・日本刀・鉄炮 ―― 齋藤　努
- 書物と権力 中世文化の政治学 ―― 前田雅之
- 書物に魅せられた英国人 フランク・ホーレーと日本文化 ―― 横山　學
- 災害復興の日本史 ―― 安田政彦

民俗学・人類学

- 日本人の誕生 人類はるかなる旅 ―― 埴原和郎
- 倭人への道 人骨の謎を追って ―― 中橋孝博
- 神々の原像 祭祀の小宇宙 ―― 新谷尚紀
- 役行者と修験道の歴史 ―― 宮家　準
- 幽霊　近世都市が生み出した化物 ―― 髙岡弘幸
- 雑穀を旅する ―― 増田昭子
- 川は誰のものか 人と環境の民俗学 ―― 菅　豊
- 名づけの民俗学 地名・人名はどう命名されてきたか ―― 田中宣一
- 番と衆 日本社会の東と西 ―― 福田アジオ
- 記憶すること・記録すること 聞き書き論ノート ―― 香月洋一郎

歴史文化ライブラリー

番茶と日本人――中村羊一郎
柳田国男 その生涯と思想――川田　稔

世界史

中国古代の貨幣 お金をめぐる人びとと暮らし――柿沼陽平
渤海国とは何か――古畑　徹
古代の琉球弧と東アジア――山里純一
アジアのなかの琉球王国――高良倉吉
琉球国の滅亡とハワイ移民――鳥越皓之
フランスの中世社会 王と貴族たちの軌跡――渡辺節夫
ヒトラーのニュルンベルク 第三帝国の光と闇――芝　健介
人権の思想史――浜林正夫

考古学

タネをまく縄文人 最新科学が覆す農耕の起源――小畑弘己
老人と子供の考古学――山田康弘
〈新〉弥生時代 五〇〇年早かった水田稲作――藤尾慎一郎
文明に抗した弥生の人びと――寺前直人
樹木と暮らす古代人 木製品が語る弥生・古墳時代――樋上　昇
古　墳――土生田純之
東国から読み解く古墳時代――若狭　徹
埋葬からみた古墳時代 女性・親族・王権――清家　章
神と死者の考古学 古代のまつりと信仰――笹生　衛
土木技術の古代史――青木　敬
国分寺の誕生 古代日本の国家プロジェクト――須田　勉
海底に眠る蒙古襲来 水中考古学の挑戦――池田榮史
銭の考古学――鈴木公雄

各冊一七〇〇円～二〇〇〇円（いずれも税別）
▽残部僅少の書目も掲載してあります。品切の節はご容赦下さい。
▽品切書目の一部について、オンデマンド版の販売も開始しました。
詳しくは出版図書目録、または小社ホームページをご覧下さい。